Dieses Buch möge Dir, liebe Jule,
viele Anregungen geben zum Erkunden
Deiner schönen heimatlichen Umgebung.

zur Taufe 2.6.2019

Tante Wiltrud

Schleswig-Holsteins Geschichte

Frank Trende

Historische Orte
erzählen
Schleswig-Holsteins Geschichte

BOYENS

Für Andrea

ISBN 978-3-8042-1151-3
3. Auflage 2013

Herstellung: Boyens Buchverlag
Gestaltung: Dörte Kromrei
Druck und Bindung: Kösel, Krugzell
Printed in Germany

Geschichte hat ihre Schauplätze

Wer heute das Thorsberger Moor in Angeln bei Süderbrarup sieht, der wird in erster Linie die Harmonie der Natur bewundern. Wer auf den Bungsberg bei Schönwalde in Ostholstein klettert, der wird sich am Grün der lieblichen Landschaft erfreuen – Sträucher, Knicks und Gebüsch, soweit das Auge reicht. Wer an den Geschäften des Neumünsteraner Großflecks vorbeibummelt, der sieht die moderne Lebendigkeit städtischen Lebens. Und wer, als letztes Beispiel, in Eckernförde am Strand spazieren geht, der genießt das Meer und die Aussicht auf die blaue Bucht. Kaum jemand denkt bei solchen Spaziergängen durch Schleswig-Holstein daran, dass das, was wir heute sehen, eine eigene Geschichte hat.

Es war der in Frankfurt an der Oder lehrende Osteuropahistoriker Karl Schlögel, der mir die Augen dafür geöffnet hat, die alltägliche Lebenswelt auch anders zu sehen: Als Schauplatz unserer Geschichte. Schlögel richtet in seinem 2003 erschienenen Essayband mit dem programmatischen Titel „Im Raume lesen wir die Zeit" die Aufmerksamkeit darauf, dass die Geschichte nicht nur in der Zeit spielt, sondern auch im Raum. „Ereignisse haben einen Ort, an dem sie stattfinden. Geschichte hat ihre Schauplätze". Diesen Leitgedanken folgend habe ich versucht, fünfzig Orte im Land zu identifizieren, an denen historische Ereignisse stattgefunden haben, die Schauplatz oder Bühne für geschichtliche Dramen waren, die selbst in alten Zeiten errichtet oder geformt wurden, die Relikte aus vergangenen Jahrhunderten sind. Dabei habe ich Schleswig-Holstein in seiner maximalen Ausdehnung berücksichtigt: Untergegangene Gebiete vor Nordfriesland habe ich zum Beispiel ebenso berücksichtigt wie später neu gewonnenes Land. Das seit 1920 abgeteilte Nordschleswig ebenso wie das 1937 dazugekommene Lübeck. Die Beiträge taugen, um einen Ort, einen Platz, eine Straße kurz porträtiert zu bekommen. Chronologisch gelesen, das war mein Anspruch, ergibt sich ein Gang durch die Landesgeschichte in Sieben-Meilen-Stiefeln.

In unserer Zeit der Digitalisierung und der Globalisierung war ja schon ganz euphorisch vom „global village" die Rede, von der ganz und gar ortslosen Existenz von Menschen, die mit allem und jedem über Telefonleitungen miteinander vernetzt sind. Vor allem die Ereignisse nach dem 11. September 2001 in New York und die nachfolgenden Kriege in Afghanistan und im Irak haben allerdings bewiesen, dass der Raum als politisches Medium seine Wirksamkeit behalten hat. Und auch die ideologische Kontamination des Begriffes durch die Nationalsozialisten, die völkisch-rassistisch aufgeladene Expansionsphantasien in die blutige Tat umsetzten, und Europa ins Unglück stürzten, kann eine topographisch grundierte Betrachtungsweise nicht in Misskredit bringen. Vielmehr hat gerade der 45. Deutsche Historikertag, der 2004 in Kiel stattfand, seine Beratungen unter das Motto „Kommunikation und Raum" gestellt. Damit sollte die Kategorie des Raumes wieder in den Vordergrund des Nachdenkens gerückt werden.

Schleswig-Holstein als politische Handlungseinheit, so wie wir es heute verstehen, ist eine junge Pflanze. Jahrhunderte hindurch sah die Landkarte aus wie ein Flickenteppich: Schleswig und Holstein, Bauernrepublik Dithmarschen, Insel Fehmarn, Hansestadt Lübeck, Herzogtum Lauenburg, Landesteilungen, Personalunionen, die so genannten „abgeteilten Herren" – Stichworte für die Unübersichtlichkeit der regionalen Vergangenheit. Der britische Premierminister Lord Palmerston (1784–1865) hat einmal gesagt, die schleswig-holsteinische Geschichte sei so kompliziert, dass nur drei Menschen sich darin auskannten: der eine sei der Prinzgemahl Albert aus dem Hause Coburg-Gotha, verheiratet mit Queen Victoria – aber er sei schon tot. Der zweite sei ein deutscher Professor – der sei aber verrückt geworden. Der dritte sei er, Palmerston selbst, aber er habe alles vergessen, sonst wäre er wohl auch verrückt geworden.

Die Geschichte von Nationen, Ländern, Städten, Kulturen, Wirtschaft, Künsten, Verkehrswegen – alles spielt innerhalb gewisser Grenzen, spielt in einem Raum, dessen Grenzlinien an ihnen mitschreiben. Die Bedeutung etwa, die der Eider in Schleswig-Holstein zukam, lag ja nicht in ihrer Lage oder in der Schönheit ihres Verlaufes: Heute, in Schleswig-Holstein als Land der Bundesrepublik, ist sie ein Fluss, bestenfalls noch ein Verkehrsweg, zumeist aber ein Entwässerungssystem und ein Revier für Freizeitkapitäne. In den Zeiten aber, in denen Schleswig im Gegensatz zu Holstein eng mit Dänemark verbunden war, markierte der Fluss eben auch die nördliche Grenze des Heiligen Römischen Reiches Deutscher Nation. Berücksichtigt man die Bedingungen des Raumes, dann wird deutlich, dass Haithabu nahezu zwangsläufig an der Stelle entstand, an der sich die Ost-West-Verbindung mit dem Nord-Süd-Handelsweg kreuzte. Wenn man versucht, sich diese historischen Implikationen vor Augen zu stellen, dann ist das

Thorsberger Moor kein Moor wie jedes andere im Land, sondern es war vor mehr als 1.700 Jahren ein Opferplatz, an dem die einheimische Bevölkerung ihren Göttern für errungene Siege dankte. So gesehen wird deutlich, dass die ostholsteinische Knicklandschaft, auf die sich vom Bungsberg sehen lässt, ein kulturgeschichtliches Zeugnis ist, das entschlüsselt von den Agrarreformen des 18. Jahrhunderts erzählt. Auf dem Neumünsteraner Großflecken artikulierte sich die Wut und der Protest der Landvolkbewegung im 20. Jahrhundert und in der Eckernförder Bucht schlug Mitte des 19. Jahrhunderts ein dänisches Kommandounternehmen fehl, das große psychologische Auswirkungen auf die Öffentlichkeit im kriegführenden Dänemark hatte. Der Volksmund sagt, so denke ich, die Wahrheit: man sieht nur, was man weiß.

Und bei aller Koketterie, die manchmal im Spiel ist, bei Palmerston und bei denen, die ihn zitieren: Lord Palmerston hat ja Recht, wenn er sagen will, dass die schles-wig-holsteinische Geschichte kompliziert ist. So kompliziert, dass dieses Buch nicht ausreichen kann, alle Fragen zu beantworten. Dafür gibt es Darstellungen, die etwa Otto Brandt und Alexander Scharff, Christian Degn und Eckart Opitz veröffentlichten, oder die „Geschichte Schleswig-Holsteins", die Ulrich Lange herausgab. Im Literaturverzeichnis finden Interessierte Angaben zu vertiefenden Darstellungen. Auf diese und weitere Arbeiten stütze auch ich mich – zudem habe ich Dr. Jürgen Jensen, Prof. Dr. Dieter Lohmeier und Prof. Dr. Kurt Schietzel für freundschaftlich gewährte Ratschläge zu danken.

Dies Buch soll Zugänge zu diesem Land und seiner Geschichte eröffnen, indem eine Entdeckungsfahrt durch die Gegenwart zugleich eine Zeitreise in die Vergangenheit wird. Im besten Falle hinterlässt es weitere Fragen.

Frank Trende

An die sechstausend Jahre ist es her, dass im Laufe der Menschheitsgeschichte einer der Umbrüche sichtbar wird, die bis heute auch unser Leben und unsere Landschaft in Schleswig-Holstein bestimmen: Die Lebensweise der nacheiszeitlichen Steinzeitjäger, die ihre Existenz mit der Jagd, dem Fischfang und dem Sammeln von Beeren und Nüssen bestreiten, beginnt sich zu verändern. Ein neues Zeitalter wird durch die Zähmung von Wildtieren zu Haustieren und Pflanzenanbau bestimmt. Im so genannten „Neolithikum" werden die Menschen sesshaft, löst der Bauer den Jäger und Sammler ab. Deshalb wird die Epoche der Jungsteinzeit auch „bäuerliche" Steinzeit genannt. Hier liegt der Beginn des Wandels der Naturlandschaft in eine Kulturlandschaft. Die Grundstrukturen dessen, was sich im Zuge der „Neolithischen Revolution" herausbildet, nämlich Ackerbau und Viehzucht als Grundlage der menschlichen Existenz, werden sich bis zur Industriellen Revolution als bestimmend erweisen.

Im Süden und Südwesten der Gemeinde Albersdorf in Dithmarschen, in einer Endmoränenlandschaft gelegen, erstreckt sich zwischen dem Ortsrand und dem Wiesental der Gieselau ein Gelände, auf dem die Zeit in

In Albersdorf sollen Landschaft und Lebensbedingungen der bäuerlichen Steinzeit nachvollziehbar gemacht werden.

den nächsten Jahren etwas besonderes vollbringen soll, denn sie soll gewissermaßen rückwärts laufen. Hier sollen sich die von der modernen Landwirtschaft unserer Tage im Wesentlichen für den intensiven Maisanbau genutzten Flächen zurückentwickeln. Durch behutsames menschliches Eingreifen wächst hier auf etwa 40 Hektar Fläche eine Vegetation, wie sie in der bäuerlichen Steinzeit einmal gewesen war. Der Standort für das „Archäologisch-ökologische Zentrum" ist nicht zufällig, sondern geradezu zwangsläufig gewählt worden: Hier liegen neun der knapp vierzig im Gemeindebereich Albersdorfs erhalten gebliebenen obertägig sichtbaren prähistorischen Denkmäler. Dazu gehören stattliche Beispiele für verschiedene Typen von Großsteingräbern, die die ersten Bauern errichteten. Hier liegen Riesenbetten als Reste steinzeitlicher Grabanlagen. Hier liegt der Großgrabhügel aus der Steinzeit mit einer Erweiterung aus der Bronzezeit: Äußerlich ist eine vier Meter hohe, gewölbte Kuppe mit knapp dreißig Metern Durchmesser in der Landschaft zu erkennen. Die Erde verbirgt eine pyramidenförmig aufgeschichtete Steinpackung. Der am Albersdorfer Ortsrand gelegene Brutkamp ist das Großsteingrab mit dem größten Deckstein

Einfassungssteine einer steinzeitlichen Grabanlage, eines Langbettes.

Schleswig-Holsteins, er wiegt etwa 15 Tonnen. Der Hügel, der die Grabkammer einst verbarg, ist heute weitestgehend abgetragen.

Die Bedeutung der Umgebung Albersdorfs als exemplarischer Schauplatz für das Leben und den Tod in der Jungsteinzeit wird durch eine Aufsehen erregende Entdeckung aus dem Jahre 1992 unterstrichen: Der vor Ort tätige Archäologe setzte seit Jahren die systematische Analyse der Landschaft aus dem Flugzeug für seine archäologische Sucharbeit ein. In jenem extrem trockenen Jahr zeichnete sich auf dem „Dieksknöll", einem Geländesporn zwischen zwei kleinen Wasserläufen, kurzzeitig die Grundstruktur eines Erdwerkes ab. Erst einmal ist in Schleswig-Holstein eine vergleichbare Anlage bei Büdelsdorf nachgewiesen worden. Nach der weiteren Analyse von Oberflächenfunden und geophysikalischen Untersuchungen bestätigt sich, dass bei Albersdorf bereits in der frühen Jungsteinzeit ein etwa 2,8 Hektar großer Bezirk bestand, eine kombinierte Wall-Graben-Anlage mit einer Palisade. Zu welchem Zweck diese Erdwerke einstmals errichtet wurden, ist heute noch nicht abschließend erforscht. Eingehegte Kultbezirke könnten es gewesen sein, geschützte Siedlungen, Viehkräle. Wissenschaftler gehen davon aus, dass nicht alle Erdwerke die gleichen Zwecke erfüllten.

Wenn auch noch nicht alle Rätsel der Albersdorfer Entdeckungen gelöst sind, so steht doch fest, dass dort die Topografie und die Lebensbedingungen einen Sied-

lungsschwerpunkt der ersten Bauern im Land begünstigten. In der nach neolithischem Vorbild zurückverwandelten Landschaft an der Gieselau mit den archäologischen Denkmälern als überlieferten Werken einer frühen Architektur für die Ewigkeit können wir an der Gieselau einen Schauplatz der „Neolithischen Revolution" sehen.

In einem trockenen Sommer zeichneten sich die Strukturen eines steinzeitlichen Erdwerkes im Kornfeld ab.

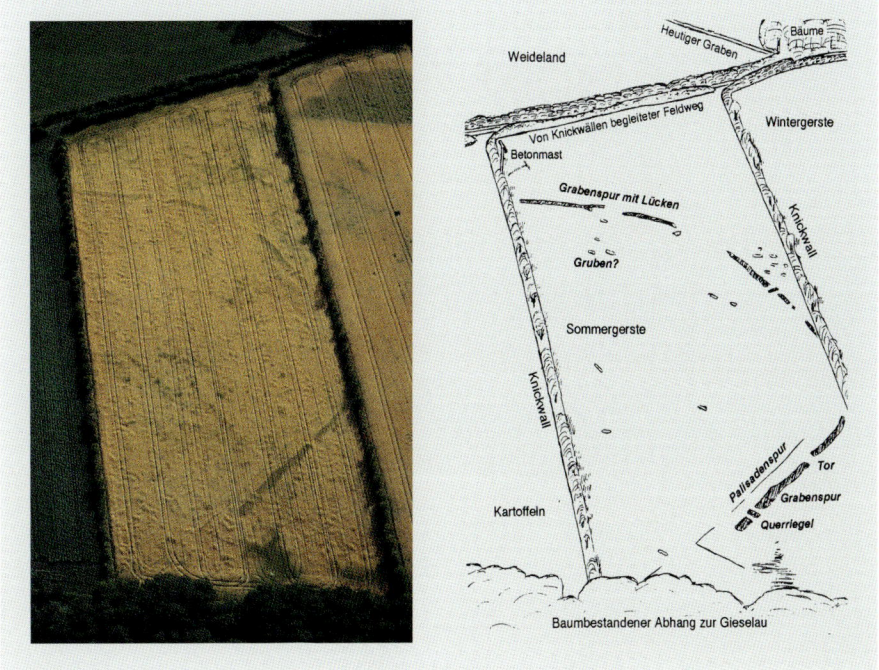

Die Landschaft Angeln, zwischen der Flensburger Förde und der Schlei gelegen, ist von der letzten Eiszeit geformt: Hügelig, mit Bächen, Wäldern und Seen. Nach alten Schriftquellen hat hier wie auf einem großen Teil der Halbinsel Jütland der germanische Stamm der Angeln gelebt.

Im Zuge der Völkerwanderung kamen seit dem 4. Jahrhundert Germanen nach Britannien, vor allem von der südlich und östlich von Britannien gelegenen Nordseeküste: Sachsen, Angeln und Jüten. Dort eroberten sie Teile der Insel und errichteten angelsächsische Königreiche. Die Gebiete, über die sie geboten, heißen nach den Angeln nun „Eng"land. Längst sind noch nicht alle Fragen, die sich mit der Besiedlung der Insel durch Angeln und Sachsen stellen, beantwortet. Wichtige Bausteine zur Beantwortung dieser Fragen liefern die Funde aus dem Thorsberger Moor nördlich von Süderbrarup und dem Moor von Nydam, nördlich der Flensburger Förde bei Sonderborg nah dem Alsensund gelegen.

Es war der Flensburger Gymnasiallehrer Conrad Engelhardt, er leitete nebenher das Flensburger Museum, der 1858 im Thorsberger Moor seinen ersten Schleswiger Moorfund ausgrub. Fünf Jahre später hatte er die Bergung seines zweiten Moorfundes am Alsensund abgeschlossen. Seine Grabungsergebnisse waren Aufsehen erregend und haben weit über die Grenzen des Landes hinaus Beachtung gefunden. Sie werden beispielsweise nicht nur in Friedrich Engels' Darstellung „Der Ursprung der Familie, des Privateigenthums und des Staates" von 1884 erwähnt, sondern auch in dem monströsen Roman „Die Arbeiter des Meeres" des französischen Schriftstellers Victor Hugo aus dem Jahr 1866.

Im Thorsberger Moor haben sich Kleidungsstücke, etwa wollene Hosen, Mäntel, ein Hemd, Lederteile von Schuhen, Schwertgurten und Zaumzeug, erhalten, außerdem prächtige Ausstattungen einer kriegerischen Elite aus Norddeutschland. Die Stücke, es sind über 4.000 Einzelfunde, stammen aus der Zeit von 220 bis 240 nach Christus, ihre ursprünglichen Besitzer stammen zum Teil aus Skandinavien, zum Teil aus dem heutigen Niedersachsen. Die Funde aus dem Nydam-Moor – hier haben sich wegen der zu Thorsberg unterschiedlichen Erhaltungsbedingungen vor allem Stücke aus Holz und Eisen erhalten – sollen aus dem heutigen Dänemark oder aus Norwegen und Schweden stammen, ungefähr

Thorsberger Moor bei Süderbrarup. Was heute aussieht wie ein Fleck unberührter Natur war einst ein Opferplatz der Eisenzeit.

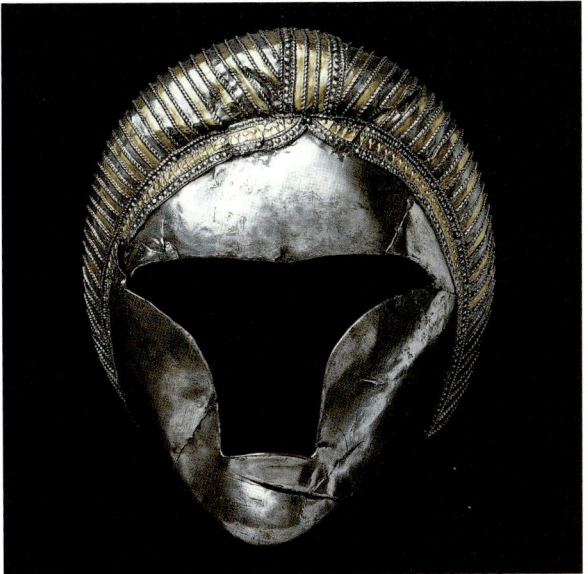

links:
Aus dem Thorsberger
Moor: Medusenhäupter
schmücken den bronzenen
Militärorden, der um 200
n. Chr. in einer römischen
Werkstatt bei Köln gefer-
tigt wurde.

rechts:
Römische Maske aus ver-
goldetem Silberblech aus
der Zeit um 200 n. Chr.
Reiter des römischen Hee-
res trugen solche Masken
bei Paraden und Kampf-
spielen.

aus der Zeit um 300 nach Christus. Während die Stücke aus dem Thorsberger Moor alle zum selben Zeitpunkt in das Moor gelangten, geht man im Falle Nydam von drei Niederlegungen aus. Hier konnten Schwerter, Lanzen, Speere, Äxte, Rundschilde, Pfeil und Bogen, zusammen mehr als eintausend Waffen geborgen werden; neuere Grabungen fördern immer neue Stücke ans Tageslicht. Im Moor von Nydam konnte im August 1863 jedoch vor allem das spektakuläre große Ruderboot aus Eichenholz ausgegraben werden. Es ist etwa 500 Jahre älter als die bekannten Wikingerschiffe. Die Abmessungen des Bootes sind auch heute noch beeindruckend: Es ist etwa 23 Meter lang und etwa 3,5 Meter breit. Die Besatzung eines solchen Bootes umfasste etwa 45 Mann, davon etwa 30 Ruderer. Gebaut wurde es nach bisherigen Erkenntnissen um das Jahr 320. Wissenschaftler vermuten, dass die Angeln und Sachsen mit solchen geruderten Schiffen wie dem von Nydam in der Völkerwanderungszeit küstennah navigierten und über den Kanal Britanniens Küsten erreichten.

Lange Zeit wurde darüber diskutiert, zu welchem Zweck die von Engelhard gehobenen Funde im Moor niedergelegt wurden. Heute ist man weitgehend der Auffassung, dass es sich um Kriegsbeute handelt, die die einheimische Bevölkerung – es könnten die Angeln gewesen sein – nach siegreichen Kämpfen ihren Göttern opferte: Waffen und Ausrüstung der unterlegenen Feinde als Dank für die im Sieg manifestierte Unterstützung. Vieles spricht dafür, dass es im 3. und 4. Jahrhundert heftige kriegerische Auseinanderset-

zungen an der hiesigen Ostseeküste gab. Gründe dafür mögen Nahrungsmittelknappheit und eine hohe Besiedlungsdichte gewesen sein.

Mit der Auswanderung der Sachsen, Angeln und Jüten werden Siedlungsräume im heutigen Schleswig-Holstein und Dänemark, so berichtet der in Northumberland geborene Chronist und Kirchenlehrer Beda Venerabilis (um 673–735), streckenweise geräumt. Wissenschaftler nehmen an, dass eine der Ursachen für diese Bevölkerungsbewegung in Kämpfen liegen, über die man heute nur weiß, was die Moorfunde preisgeben.

Im 19. und 20. Jahrhundert reklamierten Dänen und Deutsche in Folge der Herausbildung der Nationalstaaten und des Nationalismus die Moorfunde gleichermaßen als exklusives kulturelles Erbe. Zwischenzeitlich ist klar: sie sind gemeinsames Erbe zweier Nachbarvölker. Ein großer Teil der Funde, allen voran das Schiff von Nydam, wird auf Schloss Gottorf verwahrt und ausgestellt.

Im Jahr 1863 fand der
Flensburger Gymnasial-
lehrer Engelhardt im Moor
von Nydam ein Ruderboot
aus Eichenholz. Mit sol-
chen geruderten Schiffen
haben Angeln und Sachsen
in der Völkerwanderungs-
zeit vermutlich Britanni-
ens Küsten erreicht.

Schleswig-Holstein, im Süden der jütischen Halbinsel gelegen, ist geschichtlich betrachtet Grenzraum und Brückenland gleichzeitig. So ist die schleswig-holsteinische Landesgeschichte bestimmt durch politische und kulturelle Auseinandersetzungen zwischen „Deutschen" und „Dänen" – beginnend zu einer Zeit, als diese nationalen politischen Kategorien noch gar nicht griffen. Hier begegnen sich Mitteleuropa und Nordeuropa. Das war im frühen Mittelalter so, das war tausend Jahre später so und dies ist auch heute noch so. In die Landschaft sind Linien eingeschrieben, durch die Natur oder durch den Menschen, aus denen diese Grenzsituation ablesbar ist. Zu einer solchen Scheidelinie wurde die Eider, nachdem im Jahre 811 unter Kaiser Karl dem Großen die Verhältnisse festgeschrieben wurden und das Gebiet zwischen Eider und Elbe Teil des Frankenreiches wurde. Die Eider war nördliche Grenze des Heiligen Römischen Reichs Deutscher Nation, bis es 1805 unterging, danach war sie bis 1864 die Grenze des Deutschen Bundes. Eine solche gebaute Scheidelinie war das komplexe Wallsystem des Danewerks, für das eine Bauphase bereits im Jahr 737 nachgewiesen ist.

Den dänischen Königen war früh klar, dass die Landenge zwischen der Schlei im Osten und dem dazumal unpassierbaren Eider-Treene-Niederungsgebiet mit Silberstedter sowie Rheider Au, einem Pass von wenigen Kilometern Breite, den Zugang zu ihrem Herrschaftsgebiet bildete. Wer hier die Nord-Süd-Passage durch Jütland kontrollierte, hatte die entscheidenden strategischen Trümpfe in der Hand. Hier wurde nun eine Grenze markiert, indem man eine Verteidigungsanlage von zusammengezählt etwa 30 Kilometern Länge aufwerfen ließ. Dabei unterscheiden die Archäologen drei Komponenten, die in dem Zeitraum vom 8. bis 12. Jahrhundert in mehreren Bauphasen und in unterschiedlichen Ausführungen entstanden sind. Dazu gehören Haupt- und Nordwall zwischen der Schlei und den Niederungen der Rheider Au sowie der Ostwall, der zwischen der Eckernförder Bucht und der Schlei verläuft und die Halbinsel Schwansen absperrte. Der so genannte

Gilt als erstes profanes Backsteinbauwerk im Land: Die gut sieben Meter hohe Mauer, die König Waldemar im 12. Jahrhundert in einer letzten Bauphase des Danewerks errichten ließ: die Waldemarsmauer.

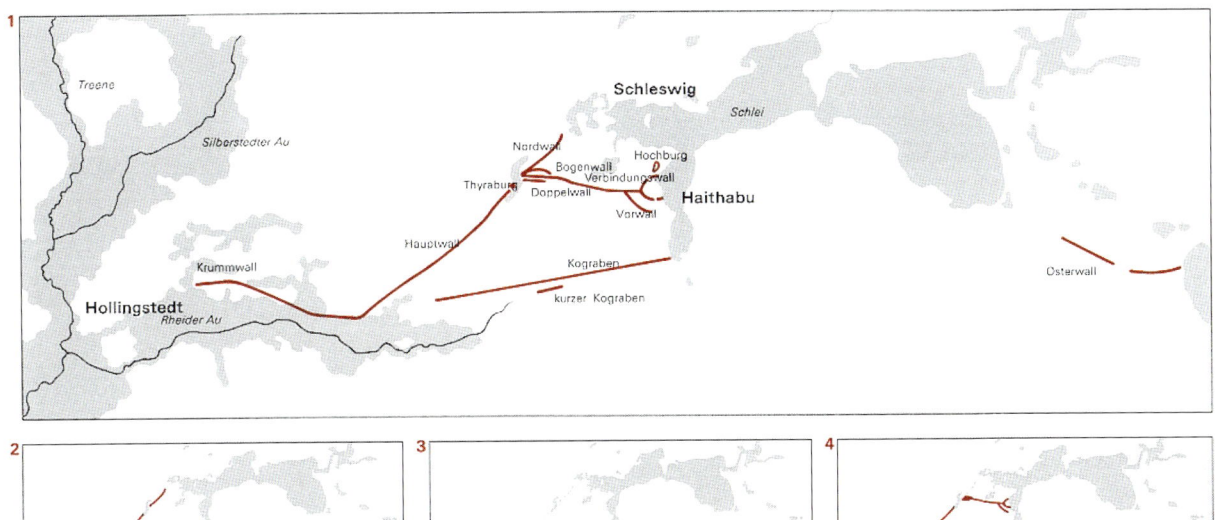

Der Verlauf des Danewerks zwischen Schlei und Treene (1), bestehend aus Hauptwall, Nordwall und Osterwall (2), Kograben (3) und Haupt-, Verbindungs-, Krumm-, Bogen- und Doppelwall (4): Mit der letzten Bauphase war die Lücke zwischen dem Hauptwall und dem Halbkreiswall von Haithabu geschlossen.

Kograben, ein Wall, der schnurgerade vom Selker Noor zu den Niederungen der Rheider Au im Westen führt, soll eine Anlage des 9. Jahrhunderts sein und ist möglicherweise als Wall des Königs Göttrik zu identifizieren. Weitere Ergänzungen zum Verteidigungswerk bildeten die Ausbauarbeiten unter König Waldemar: Er ließ einen fast vier Kilometer langen Abschnitt des Hauptwalls mit einer gut sieben Meter hohen Ziegelsteinmauer, der so genannten Waldemarsmauer, verstärken. Sie gilt als erstes profanes Backsteinbauwerk im Land.

Als sich Mitte des 19. Jahrhunderts der alte Konflikt um Schleswig wieder entzündete, weil der dänische König Christian IX. Schleswig durch eine neue Verfassung Dänemark einverleiben wollte, Preußen eingriff und 1864 der Deutsch-Dänische Krieg geführt wurde, fiel ein Schlaglicht der Geschichte wieder auf das alte Danewerk. Theodor Fontane (1819–1898), der sich als Kriegsberichterstatter in den Herzogtümern aufhielt, hatte sich intensiv mit der Geschichte des Landes im Allgemeinen und des mittelalterlichen Danewerks im Besonderen auseinandergesetzt. Er schrieb 1866: „Die Verhältnisse des 14. Jahrhunderts, die überflutende Macht der holsteinischen Grafen, die Erfindung des Schießpulvers, endlich im 15. Jahrhundert, bei der Thronbesteigung der Oldenburger, die Verlegung der Grenze bis hinauf an die Königsau, – alle diese Wandlungen und Ereignisse nahmen dem alten Dannewerk seinen Wert, so dass es mehr und mehr zu einer bloßen Ruine wurde." Und weiter: „Eine solche war es im Wesentlichen noch bei Ausbruch des Krieges von 1848. Erst während des letzten Jahrzehnts, als den eiderdänischen Politikern in Kopenhagen, bei der Rücksichtslosigkeit ihres Vorgehns, die Unvermeidlichkeit eines Kampfes mit Deutschland immer klarer werden musste,

wurde die uralte Verteidigungslinie wieder aufgenommen und was König Gottrick und König Waldemar erbaut hatten, zur Grundlage eines neuen Verteidigungssystems gemacht." 27 Schanzen und schweres Geschütz waren hier platziert worden. – Freilich kam es dort nicht mehr zum Kampf, weil der dänische Oberbefehlshaber de Meza seine Armee in einer Februarnacht 1864 nach Düppel rettete. Die dänische Öffentlichkeit war schockiert. In der Folgezeit verfielen die Verteidigungsanlagen.

Das Danewerk wird heute als das größte archäologische Denkmal Nordeuropas bezeichnet. Beim Dorf Dannewerk – nicht weit von der Autobahn A 7 gelegen, auf der heute der Nord-Süd-Verkehr von Nordeuropa durch Schleswig-Holstein nach Mitteleuropa geführt wird – sind Kograben und Waldemarsmauer noch heute gut zu besichtigen.

Befestigungen in den verschiedenen Ausbauphasen des Danewerks.

Ein Schnitt durch den großen Erdwall zeigt die verschiedenen Bauphasen.

Aus der Luft deutlich zu erkennen: Der Halbkreiswall der alten Wikingerstadt Haithabu am Haddebyer Noor.

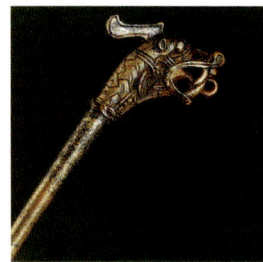

Typisch vor allem für die Schiffe aus der Wikingerzeit: Ein Drachenkopf aus dem 10. Jahrhundert. Hier krönt er eine prächtige Gewandnadel aus Bronze. Sie wurde in Haithabu gefunden.

Seit der Mitte des 10. Jahrhunderts war die Wikingerstadt Haithabu durch einen Wall mit dem Danewerk verbunden. Von fünf Jahrzehnten abgesehen, gehörte Haithabu zum Dänischen Reich und erscheint erstmals im Jahr 804 in den Fränkischen Reichsanalen: In diesem Jahr hatte der Dänenkönig Göttrik sein Heer und seine Flotte in Haithabu versammelt. Am Haddebyer Noor, einer Bucht der Schlei, gelegen, entwickelte sich hier ein zentraler Handelsplatz: Wenige Kilometer vom Ufer des Noors verläuft in Nord-Süd-Richtung der Heeresweg, der als Ochsenweg im Laufe der Jahrhunderte seine Bedeutung haben wird. Über Noor und Schlei hat die Siedlung unmittelbaren Zugang zur Ostsee und hier an der Schleswiger Landenge, sie ist gerade einmal 16 Kilometer breit, lassen sich im Schutz des Danewerks

die schiffbaren Flüsse Eider und Treene vergleichsweise leicht erreichen. Die räumlich-verkehrsgeografischen Bedingungen für einen Handelsplatz waren also sehr gut.

Wikinger: Sie segeln mit ihren meisterhaft konstruierten Drachenboten die Flussmündungen hinauf, erscheinen wie ein Blitz aus heiterem Himmel, plündern Städte, Dörfer und vor allem Klöster, schlagen alles kurz und klein, was ihnen in die Quere kommt und ebenso schnell, wie sie erscheinen, sind sie auch wieder verschwunden. Dieses Zerrbild von den Wikingern ist über tausend Jahre alt: Schon die fränkischen und angelsächsischen Geschichtsschreiber des Mittelalters bezeichneten die Nordmänner als „beutegierige Unholde". Ein aus dem arabischen Spanien stammender

Diesen Runenstein hat der dänische König Sven Gabelbart (986–1014) in der Nähe von Haithabu zur Erinnerung an seinen Gefolgsmann Skarthi setzen lassen.

Kaufmann namens At-Tartuschi beschrieb sie nach einem Besuch in Haithabu (es wurde auch sliesthorp und sliaswich, also Schleswig genannt) das, was er erlebte, so: „Nie hörte ich hässlicheren Gesang als den Gesang der Schleswiger, und das ist ein Gebrumm, das aus ihren Kehlen herauskommt, gleich dem Gebell der Hunde, nur noch viehischer als dies." Und: „Werden einem von ihnen Kinder geboren, so wirft er sie ins Meer, um sich die Ausgaben zu sparen."

Dennoch drückte dieses Volk der nordeuropäischen Geschichte seinen Stempel auf; man spricht für die Jahre von 800 bis 1100 von der Wikingerzeit in Europa. Der Aktionsradius der Wikinger war ungeheuer groß. Sie bauten die besten Schiffe der damaligen Zeit und befuhren alle Meere und Ströme der ihnen bekannten Welt, ihre Reisen führten sie bis nach Kiew im Südosten und Grönland im Nordwesten. Mit Neufundland, dem sagenumwobenen Vinland, erreichten sie 500 Jahre vor Kolumbus die Neue Welt. Tatsächlich ist die Liste der Wikinger-Überfälle lang und eindrucksvoll: Kloster Lindisfarn, Sevilla, Paris, Hamburg, Köln, Dublin etwa hatten unter ihren Übergriffen zu leiden. Erst durch die Wikinger fand Skandinavien Anschluss an europäische Entwicklungen, stieß es auf andere Kulturkreise, baute Handelskontakte auf und aus und öffnete sich für die christliche Religion. Haithabu wird 948 Bischofssitz, aus dieser Zeit stammt auch die 1978 im Hafen von Haithabu entdeckte Glocke: Sie ist die älteste vollständig erhaltene Läuteglocke Nordeuropas.

Vermutlich leitet sich das Wort „Wikinger" von „wik" ab, das heute mit Handelsort übersetzt wird: Wikinger war jemand, der aus Nordeuropa stammte und sich auf Beutefahrt befand. Während der Blütezeit Haithabus haben in diesem Handwerker- und Händlerort an die 1.000 Menschen gelebt. Friesen, Dänen, Schweden, Norweger, Sachsen, Franken und Slawen machten den Platz als Seeleute, Handwerker und Kaufleute zum zentralen Handelsplatz und ersten städtischen Siedlung Nordeuropas. At-Tartuschi: „Schleswig ist eine sehr große Stadt am äußersten Ende des Weltmeeres. In ihrem Inneren gibt es Quellen süßen Wassers. Ihre Bewohner sind Siriusanbeter, außer einer kleinen Anzahl, welche Christen sind, die dort eine Kirche besitzen." Und: „Die Stadt ist arm an Waren und Reichtum. Fisch ist das wichtigste Nahrungsmittel, denn den gibt es hier reichlich."

Im mittleren 10. Jahrhundert wurde der Ort befestigt. Noch heute ist der 1,3 Kilometer lange und sieben Meter hohe Ringwall, der 24 Hektar Siedlungsfläche einschließt, ein eindrucksvolles Monument. Ursprünglich war die Wallfront mit Holz verkleidet und mit einem hölzernen Wehrgang ausgerüstet. Seeseitig vervollständigte eine Holzpalisade die Befestigungsanlage, das Innere des Hafens wie der Ort selbst blieben so gegen Angriffe von See her geschützt. Harald Blauzahn ließ den Halbkreiswall von Haithabu 968 an das Wallsystem des Danewerks anschließen. Und doch verlor Haithabu mehr und mehr an Bedeutung: der Meeresspiegel stieg und damit der Wasserstand in Schlei und Noor. Die Uferzone war jetzt zu flach, Schiffe konnten nicht mehr anlegen. Mehrfach wurde Haithabu angegriffen und zerstört, 1050 durch Wikinger aus Norwegen, 1066 durch slawische Kriegerscharen. Schließlich verfiel der Siedlungsplatz. Seine städtischen Funktionen gingen auf einen anderen Ort über: Auf „Sliaswich", am nördlichen Ufer der Schlei gelegen: Schleswig.

Prunkschwert aus einer aufwändigen Grabanlage von Haithabu: Es stammt aus dem 9. oder 10. Jahrhundert.

Beispiel für die Goldschmiedekunst des frühmittelalterlichen Nordens: In Haithabu gefundener Hängeschmuck aus dem 10. Jahrhundert.

Adam von Bremen, Chorherr und Chronist, „Tacitus der baltischen Lande" genannt, er starb etwa 1085, war eine literarische Begabung, die, so Otto Brandt, „den Lebensraum der hamburgisch-bremenischen Kirche geograpisch und historisch zuverlässig beschreibt." Aber der Domherr Adam wusste um ganz andere, weit ausgreifendere Räume. Das Siedlungsgebiet der Slawen etwa: „Das Slawenland … soll zehnmal so groß sein wie unser Sachsen, zumal wenn man Böhmen und die Polen jenseits der Oder mit zum Slawenland rechnet, die weder in ihrem Äußeren noch in ihrer Sprache anders sind … In der Breite erstreckt es sich von Süden nach Norden, von der Elbe bis ans Skythenmeer. Seine Länge aber erweist sich als so groß, dass es sich von unserem Hamburger Sprengel an ostwärts in endlosen Räumen ausweitet und bis nach Baiern, Ungarn und ans Byzantinische Reich

erstreckt." Der westlichste Zipfel dieses Siedlungsraumes an der Ostsee war Oldenburg in Holstein.

Zu den imposantesten Monumenten der archäologisch dokumentierten Landesgeschichte zwischen Nord- und Ostsee gehört neben dem Halbkreiswall von Haithabu und dem sich daran anschließenden Danewerk die mächtige Ringwallanlage in Oldenburg. Der in unmittelbarer Nähe des Stadtzentrums gelegene Wall ist 800 Meter lang und 18 Meter hoch. Und er hat dem Ort seinen Namen gegeben. Hier lag vom 9. bis zum 12. Jahrhundert der politische und kultische Mittelpunkt der Landschaft Wagrien. Wie in Haithabu lag die Siedlung im Binnenland, aber so, wie Haithabu durch die Schlei mit der Ostsee verbunden war, lag die alte Burg der Slawen nicht weit von einer Senke, dem Oldenburger Graben, der einst Hohwachter und Lübecker Bucht

Die monumentale Wallanlage prägt das Stadtbild von Oldenburg in Holstein.

miteinander verband. Falls dieser Graben zu Slawenzeiten nicht mehr schiffbar gewesen sein sollte – die Meinungen darüber gehen noch auseinander – so war die Ostsee dennoch nicht weit. Die Ringwallanlage der slawischen Fürstenburg „Starigard", zu Deutsch „alte Burg", überragt noch heute die Häuser der Stadt und ist zum historischen Wahrzeichen des Ortes geworden.

Die einstige politische Bedeutung des Ringwalls war immens: Die gegen Ende des 7. Jahrhunderts gegründete Anlage war Fürstensitz der Wagierer. Ähnlich wie Haithabu war der Ort ein wichtiger Handelsplatz und stand mit anderen Handelszentren der Zeit in Verbindung. Hier lag ein Schnittpunkt germanischer, slawischer und wikingischer Kultur. Insofern liegt es nahe, dass Starigard/Oldenburg zum Ziel der christlichen Missionierung wurde. So wurde hier 968 das erste Bistum Oldenburg gegründet, dessen Bemühungen allerdings schon 983 durch einen Slawenaufstand zunichte gemacht wurden. Nun wurde hier wieder dem Gott Prove gehuldigt.

Erst als der in einer Klosterschule erzogene Slawenfürst Gottschalk zu Macht und Einfluss kam, gewann das Christentum wieder an Boden: In Mecklenburg und Ratzeburg wurden neue Bistümer gegründet, Oldenburg durch Verkleinerung des Sprengels insoweit entlastet. Der Chronist Adam von Bremen berichtet: „Man sagt, Fürst Gottschalk habe einen derart brennenden Glaubenseifer gezeigt, dass er sich oft selber, ohne Rücksicht auf seinen Stand, in der Kirche mit mahnender Predigt an das Volk wandte, um die geheimnisvollen Worte der Bischöfe und Priester seinen Volksgenossen

in slawischer Zunge verständlich zu machen." Zu einem großen Rückschlag für die Christianisierung kommt es schließlich 1066, als die Slawen in die Offensive gehen. Sie erschlagen Gottschalk, zerstören Oldenburg und auch Haithabu an der Schlei. Der Bischofsstuhl von Oldenburg bleibt nun unbesetzt.

Im Jahre 1148 oder 1149 soll Oldenburg zerstört worden sein – in der Folge eines Machtkampfes um den dänischen Königsthron. Zehn Jahre zuvor waren die Slawen besiegt worden, Wagrien mit Oldenburg kam unter die Herrschaft des Grafen von Holstein, Adolf II. von Schauenburg. Als Handelsplatz hatte es keine Zukunft mehr. Vicelin, der als „Apostel der Wenden" die Christianisierung der slawisch besiedelten Gebiete vorangetrieben hatte und zum Bischof ernannt wurde, nahm als Bischofssitz nun lieber Bosau statt Oldenburg. Im Jahr 1160, Vicelin war zwischenzeitlich gestorben, zog der neue Bischof Gerold einen anderen, aufstrebenden Handelsplatz vor: Lübeck.

So wie in diesem Modell im Oldenburger Wall-Museum könnte die slawische Burg im 10. Jahrhundert ausgesehen haben.

Rekonstruktion der Befestigung Oldenburgs um 800 n. Chr.

17

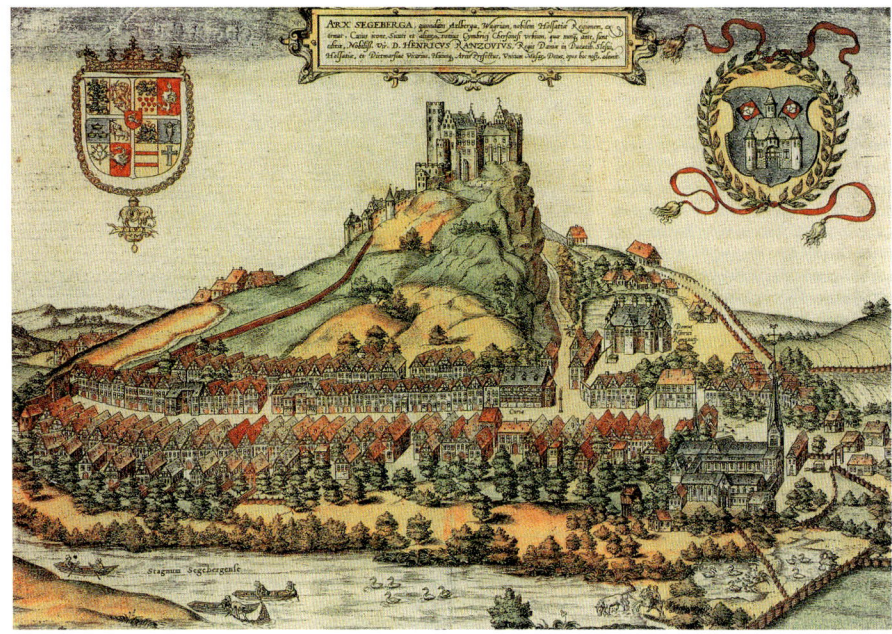

Ansicht der Stadt Segeberg in einem Kupferstich aus dem Jahr 1585. Auf dem Berg die landesherrliche Burg.

Die Augustiner-Chorher-ren begannen 1156 mit dem Bau der Segeberger Kirche. Das war der Auf-takt zum Backsteinbau in Norddeutschland.

Wer sich heute auf den Weg macht nach Bad Segeberg, den Segeberger Kalkberg zum Ziel, an dessen Fuße sich heute auf einer eindrucksvollen Naturbühne Westmän-ner und Indianer effektvoll inszenierte Kämpfe liefern, die den Vorlagen Karl Mays folgen, der bewegt sich auf einem Terrain, das vor eintausend Jahren tatsächlich stark umkämpft war. Wer mag sich vorstellen, dass einst hoch oben auf dem Kalkberg eine Burg lag? Denn der heutige Ort Segeberg liegt an einer Grenzlinie, die im Norden an der Kieler Förde begann und etwa über Bad Segeberg, Bad Oldesloe bis zur Mündung der Delvenau in die Elbe westlich von Boizenburg führte. Diese Grenzlinie, der „Limes Saxoniae", trennte seit dem 9. Jahrhundert zwei Siedlungsgebiete. Westlich der Linie lagen die drei Gaue der nordelbischen Sachsen Dith-marschen, Altholstein und Stormarn. Östlich dagegen lag das Siedlungsgebiet der slawischen Abodriten, auch Obodriten genannt: im heutigen Westmecklenburg die „eigentlichen" Abodriten, zwischen der Kieler Förde und der Trave siedelten die Wagrier oder Wenden, und die Polaben, die im Gebiet zwischen der Trave und der Elbe lebten. Diese Grenzregion des „Limes Saxoniae" hat man sich, so Karl Wilhelm Struve, „als eine Ödland-zone vorzustellen, die unbesiedelt war. Sie blieb im we-sentlichen bis zum 12. Jahrhundert – bis zum Ende der Slawenzeit – die Völkerscheide zwischen Sachsen bzw. Deutschen und Slawen, auch wenn es von beiden Seiten her immer wieder zu Grenzüberschreitungen und erbit-terten Kämpfen kam."

Die genannte Grenzlinie trennte nicht nur Völker, sondern auch Religionen: Westlich der Scheidelinie hatte sich das Christentum bereits durchgesetzt. Zu Be-

ginn des 12. Jahrhunderts betrat hier ein Mann die Bild-fläche, der die weitere Entwicklung entscheidend be-stimmen sollte: Sein Name lautete Vicelin. Er stammte aus Hameln, war in Paderborn unterrichtet worden und war selbst Lehrer an der Domschule in Bremen. Er galt als ein Mann von asketischem Lebenswandel: Sein Leben hatte er der Slawenmission gewidmet. Ein erster Anlauf, ausgehend vom alten Lübeck, dem Sitz des Slawenfürsten Heinrich, ging ins Leere, nachdem Hein-rich 1127 gestorben war. Noch im selben Jahr geht Vice-lin auf Geheiß des Bremer Erzbischofs nach Wippen-dorf, einem Ort im Gau Faldera und somit nah der säch-sisch-wagrischen Grenzlinie. Er hat den Auftrag hier ein Augustiner-Chorherrenstift zu begründen, ein neues Kloster, „Novum Monasterium" genannt, das zur Keim-zelle von Neumünster wird. Dieses Kloster macht er zu seiner Ausgangsbasis für die nachfolgende Wendenmis-sion. Die gerät allerdings nach einer Offensive zweier Wendenfürsten ins Stocken.

Vicelin hat für seine Ostchristianisierung einen an-deren, sicheren Stützpunkt in Aussicht genommen. Sein Blick fiel auf den etwa 110 Meter hohen Alberg, ein erd-geschichtliches Unikum in Schleswig-Holstein, denn er ist ein kuppelartiger Durchbruch tiefer gelegener Erd-schichten und besteht aus Gips. Vicelin wandte sich an

den Kaiser Lothar von Supplinburg (1075(?)–1137), der ein politisches Interesse an der Ausweitung seines Herrschaftsbereichs jenseits des „Limes Saxoniae" hatte, und empfahl ihm den Bau einer Burg. In Bosau am Plöner See wirkte zu der Zeit der Pfarrer Helmold, der zusammen mit Vicelin am Aufbau des „Novum Monasterium" beteiligt war. Nun in Bosau schrieb er die Chronik der Christianisierung der Wenden, seine „Chronica Slavorum". In dieser Slawenchronik berichtet er von den Bemühungen Vicelins um den Bau der neuen Burg: Der Kaiser war Vicelin gefolgt und nahm den Berg in Augenschein. „Da befahl er dem ganzen Volk der Nordelbinger, zum Bau der Burg zu kommen." Dem kaiserlichen Aufruf folgten allerdings nicht nur die Sachsen, sondern auch die Slawenfürsten, denen aber nicht ganz wohl war. Helmold zitiert sie mit folgenden Sorgen: „Siehst Du diesen festen, hochragenden Bau? Lass Dir vorhersagen, das wird ein Joch für das ganze Land! Von hier werden sie vorrücken, erst Plön brechen, dann Oldenburg und Lübeck, endlich die Trave

überschreiten und ganz Polabien erobern. Doch auch das Land der Abodriten wird ihren Händen nicht entgehen."

Die Burg auf dem sonderbaren Felsen wurde 1134 gebaut und erhielt den Namen Siegeburg. Am Fuße des Berges entstand ein Chorherrenstift und Vicelin sollte Bischof der Slawen werden. Die Augustiner begannen hier 1156 auch den Bau der Segeberger Kirche, die den Auftakt des Backsteinbaus in Norddeutschland bildet. Ein halbes Jahrtausend lang stand die Burg auf dem Gipfel und hatte inzwischen dem entstandenen Ort, Segeberg, ihren Namen gegeben. Unter Heinrich Rantzau (1526–1598) wurde sie im 16. Jahrhundert zu einem Renaissance-Schloss umgebaut und im Dreißigjährigen Krieg zerstört. Nun begann man damit den Gips in größerem Stil abzutragen. So entstand, nach und nach, die Naturbühne am so genannten Kalkberg, in der heute „Cowboy und Indianer" gespielt wird. Von der alten Siegeburg ist nur noch ein Brunnenschacht geblieben.

Nach dem Dreißigjährigen Krieg 1618 bis 1648 begann der Abbau des Gipses in Segeberg. Ein Blick ins Land lässt aber noch heute erahnen, wie exponiert die Lage der Siegeburg war.

19

Vicelins Feldsteinkirche in Bosau. Sie wurde 1152 fertig gestellt. Im 17. Jahrhundert ist die geschweifte Barockhaube auf den Turm gesetzt worden.

Skulptur des Vicelin im Bischofsornat. Er trägt den Bischofsstab und ein Modell der Bosauer Kirche. Die Skulptur in Bosau stammt aus dem 16. Jahrhundert und ist aus Eichenholz gefertigt.

Pfarrer Helmold von Bosau betrachtete Vicelins Missionsbemühungen mit Wohlgefallen, in seiner Chronik notierte er: „So ward durch Gottes Barmherzigkeit und Kaiser Lothars Verdienst der Same zu einer neuen Pflanze im Slawenlande ausgeworfen. Doch wer Gott dienen will, bleibt nicht ohne Anfechtung: so erlitten auch die Väter der jungen Kirche schwerste Rück-

schläge." Kaiser Lothar war zwischenzeitlich gestorben, der Holsteiner Graf Adolf II. war vertrieben und den Wenden, so drückt es Otto Brandt aus, „schwoll der Kamm aufs neue." Der Slawenfürst Pribislaw fiel von Alt-Lübeck her nach Holstein ein, zerstörte das Segeberger Stift, die Kirche und umliegende Dörfer. Vicelin und die Seinen waren nach Neumünster geflohen. Der neue holsteinische Graf Heinrich von Badwide, beraten durch Vicelin, ging zum Gegenangriff über. Im Winter 1138/39 verwüsteten seine Truppen, es waren Holsten und Stormarner, die Gegenden um Plön, Lütjenburg und Oldenburg. Wagrien gehört seitdem zu Holstein und wurde in der Folgezeit durch gezielte Einwanderung etwa aus Westfalen, Flandern, Holland und Friesland kolonisiert. Allerdings hatten sich die fürstlichen Beteiligten auf deutscher Seite in Rivalitäten verstrickt, in deren Folge auch die Siegeburg in Brand gelegt wurde. Diese konnten erst gelöst werden, indem der vertriebene Schauenburger Graf Adolf II. zurückkehrte und über Segeberg und Wagrien gebot, der Graf Heinrich von Badwide erhielt Ratzeburg und Polabien zugesprochen. Diese politische Trennung zwischen Holstein und Ratzburg/Lauenburg blieb bis in das 19. Jahrhundert hinein bestehen.

Vicelin wurde als Pionier der Wendenmission geehrt: 1149 weihte ihn der Erzbischof von Bremen zum Bischof von Oldenburg – der Oldenburger Bischofsstuhl war seit 1066 verwaist. Die Verhältnisse waren noch nicht soweit konsolidiert, dass Vicelin tatsächlich auch nach Oldenburg ging. Er hatte 1150 die Gegend um Bosau als Dotation erhalten und zog es nun vor, nach Bosau zu gehen. In Helmolds Slawenchronik heißt es: „Zuerst lagerte man unter einer Buche, bis Hütten errichtet waren, in denen man wohnen konnte. Dort begann Vicelin eine Kirche zu erbauen im Namen des Herren und zum Gedächtnis des heiligen Petrus, des Apostelfürsten."

Im Jahre 1152 ist die Feldsteinkirche fertig gestellt worden; die Seitenwände im Langhaus stammen noch von der ursprünglichen Vicelin-Basilika. Ansonsten ist der Bau erweitert und verändert worden, auch nach Schäden aus dem Dreißigjährigen Krieg. Lange war die Kirche nicht Wirkungsstätte des Bischofs von Oldenburg, denn Vicelin starb im Dezember 1154 im von ihm begründeten Kloster Neumünster. Er hatte schon Jahre vorher einen Schlaganfall erlitten, war gelähmt und konnte nicht mehr sprechen. Mit der Verlagerung des Klosters nach Bordesholm im 14. Jahrhundert wurden auch die Gebeine Vicelins umgebettet und in der Bordesholmer Klosterkirche vor dem Hochalter beigesetzt – sie sind späterhin verschwunden, nur eine Gedenktafel erinnert noch an den „frommen Vater Vicelin". Geblieben ist das Wissen um das Wirken Vicelins, der nun Apostel der Wenden genannt wurde, vor allem durch die Arbeit seines Weggefährten Helmold von Bosau, der ab 1170 das erste literarische Werk Schleswig-Holsteins verfasste, seine „Chronica Slavorum", die Geschichte der Christianisierung der Wenden und der „holsteinischen Waldesel".

Vicelins Missionierungsarbeit hatte soviel Bestand, dass ihm auch nach seinem Tod ein Bischof nachfolgen konnte. Dies wurde Gerold, Leiter der Domschule in Braunschweig. Er konnte sich auf den Einfluss und die Autorität von Heinrich dem Löwen stützen, was seine Stellung stärkte. Auf Drängen des Löwen verlegte Gerold 1160 den Bischofssitz von Oldenburg nach Lübeck, aber Bosau muss doch seine Bedeutung gehabt haben: Im August 1163 starb der Braunschweiger Gottesmann hier, nachdem er eine Messe zelebriert hatte.

Die Slawenchronik des Helmold von Bosau: Pergamenthandschrift aus dem 14. und 15. Jahrhundert.

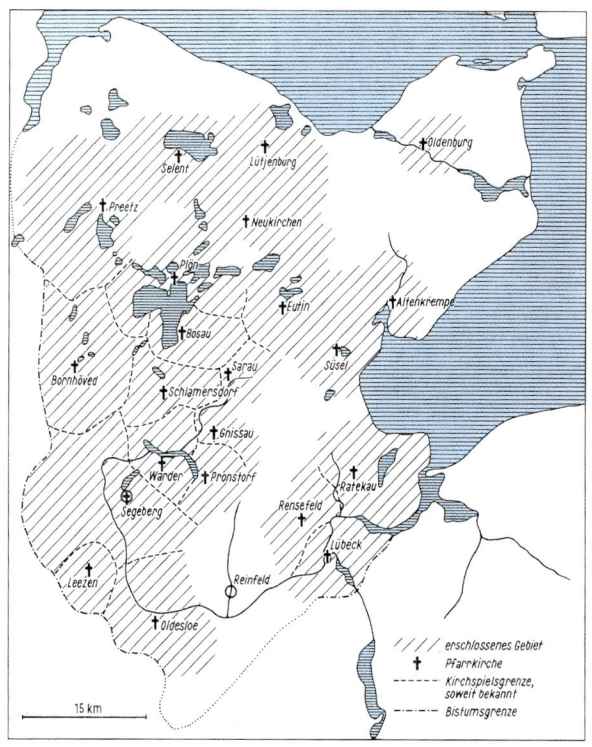

Das Kolonialland östlich des „Limes Saxoniae" um 1200.

Seit 1881 steht ein Abguss des Braunschweiger Löwen von 1166 vor dem Ratzeburger Dom.

Der alte Kern Ratzeburgs liegt auf einer Insel. Heinrich der Löwe ließ dort den Ratzeburger Dom errichten.

Das Jahr 1154 sollte für die Kolonisation und Missionierung der Gebiete östlich des „Limes Saxoniae" ein wichtiges Datum werden: Zum einen starb Vicelin, die große Pionierfigur. Zum anderen wurde Heinrich der Löwe, als Sachsenherzog Lehnsherr von Adolf II. und Heinrich von Badwide, das Recht eingeräumt, Kirchen und Bistümer zu errichten. Zu einem neuen Angelpunkt der Slawenmission machte er, der nun auch Bischöfe einsetzen konnte, den auf einer Insel geschützt und exponiert zugleich liegenden Polaben-Hauptort Ratzeburg. Hier wollte er – wie auch in Lübeck – einen Dom errichten lassen und verfügte, da die jungen Bistümer die Kosten für derartig monumentale Bauten noch nicht würden aufbringen können, jährliche finanzielle Unterstützungen. Im Sommer 1173 hat er vermutlich nach der Lübecker Bischofsweihe den Grundstein für den dortigen Dom gelegt. Wahrscheinlich wohl schon früher begannen die Arbeiten für den Dom auf der Insel im Ratzeburger See, die Heinrich von Badwide, der Graf von Ratzeburg, dem neuen Bistum geschenkt hatte. Der romanische Bau des Doms wurde in Backstein ausgeführt, allerdings sollte er erst 1220, also nach dem Lübecker, als dreischiffige Basilika – das Mittelschiff erhöht, die beiden Seitenschiffe etwas niedriger – mit Querhaus und Apsis fertig gestellt werden. Er ist, zusammen mit seinem Parallelbau in Lübeck, der älteste Ziegelbau im ehemals slawischen Kolonisierungsgebiet östlich der unteren Elbe.

Der Entschluss, diese beiden Dome zu errichten, war, so Karl Jordan, „nicht nur der sichtbare Ausdruck für die großen Fortschritte, die die kirchliche Arbeit in den letzten Jahrzehnten in beiden Bistümern gemacht hatte. Bei der engen Verknüpfung zwischen kirchlicher Organisation und weltlicher Herrschaft, wie sie in Nordelbingen bestand, sollten diese beiden Bauten zugleich ein Denkmal der herzoglichen Macht in diesen Gebieten sein. Für den Herzog war an der Westseite in beiden Kirchen eine Empore vorgesehen, auf der er bei Gottesdiensten Platz nehmen sollte."

Heinrich der Löwe ist in Deutschland eine mythologisierte und idealisierte Figur: Vetter von Kaiser Friedrich I. Barbarossa und Schwager von Richard Löwen-

haben. Seine Boten nach Dänemark, Schweden, Norwegen und Russland warben um Handel und Wandel, um Kontakte und Geschäftsbeziehungen. Dadurch wurde der sächsische Herzog zum eigentlichen Gründervater der Stadt. Gleichzeitig legte er die Grundlagen für ein weitreichendes Handelsnetz, das Lübeck zum Haupt der deutschen Hanse werden ließ – und ihm selbst wachsenden finanziellen Gewinn brachte. In Nordelbingen brachte er ein einheitliches und geschlossenes Herrschaftsgebilde zusammen – nach einer Strafexpedition gegen das Land Dithmarschen, um den Grafen Rudolf von Stade zu rächen, der dort erschlagen worden war, hatte bereits das strategisch wichtige Gebiet an der Elbmündung unter seine Kontrolle gebracht. Heinrich der Löwe konnte in Nordelbingen und im Gebiet der westlichen Ostsee fast walten wie ein König. Das steigerte sein Ansehen und sein Selbstbewusstsein gleichermaßen.

Ehrwürdig und erhaben steht der Ratzeburger Dom als Zentrum der Stadt, die baulich im 17. Jahrhundert völlig neu erstand, nachdem sie 1693 in einem Kampf mit dem Dänenkönig fast dem Erdboden gleichgemacht wurde, bis auf den heutigen Tag. Damit mag das Gotteshaus auch ein steinernes Sinnbild sein für die Bedeutung Heinrichs des Löwen als Förderer des Städtewesens – dies freilich nicht durch die Zahl der von ihm gegründeten Städte, sondern wegen der bevorzugten Rechtsstellung, der Freiheiten, die er seinen Städten eingeräumt haben soll. Der erste der vier Löwendome, neben Ratzeburg und Lübeck noch Schwerin und Braunschweig, ist der einzige in seiner ursprünglichen, spätromanischen Gestalt erhalten gebliebene deutsche Backsteindom: architektonisches Meisterwerk und gebaute Geschichte gleichermaßen.

herz, dem legendären König von England. Eine Figur in tragischer Verstrickung zwischen prächtigem Aufstieg und Sturz und Verbannung nach einem Konflikt mit Barbarossa, der vergeblich seine Hilfe einforderte. Nach Nordelbingen hatte er sich vor seiner Verbannung nach England zurückgezogen, aber auch hier verließen Graf Adolf III. von Holstein und Graf Bernhard von Ratzeburg ihren Lehnsherrn und schlugen sich auf die Seite des Kaisers. Nachdem Heinrich der Löwe seinen Einfluss verloren hatte, verschob sich die Machtbalance im Ostseeraum zugunsten der Dänen.

Ratzeburg und Lübeck gehören zu den Löwenstädten. Als sichtbares Zeichen dafür sind vor ihren Domen späterhin bronzene Nachbildungen des Braunschweiger Burglöwen von 1163/69 – er ist seinerseits eines der berühmtesten Bronzewerke des Mittelalters – aufgestellt. Darin symbolisiert sich die Bedeutung des sagenumwobenen Welfen für Schleswig-Holstein: Vom Beginn seiner Neugründung Lübeck an förderte er Bemühungen um den Fernhandel und früh soll er Verträge mit den Fürsten des Ostseeraumes abgeschlossen

Lübecker Rathaus: Im Hintergrund erhebt sich die hohe Schildgiebelwand mit den runden Windlöchern. Sie schließt den Hauptbau aus dem 14. Jahrhundert ab. Im Vordergrund die so genannte Laube, die 1570/71 im Stil der niederländischen Renaissance davor gebaut wurde.

„Der Herzog aber sandte Boten in die Hauptorte und Reiche des Nordens, nach Dänemark, Schweden, Norwegen und Russland und bot ihnen Frieden", so schrieb Helmold von Bosau über Heinrich den Löwen, denn: „Sie sollten freien Zugang zu freiem Handel in seine Stadt Lübeck haben. Er genehmigte dort auch eine Münzstätte, einen Zoll und höchst ansehnliche Stadtfreiheiten. Von der Zeit an gedieh das Leben in der Stadt, und die Zahl ihrer Bewohner vervielfachte sich." Heinrich der Löwe, der Sachsenherzog, erkannte die Chance, die der Ort an der Trave bot, um die Ost-West-Transit-

wege auf sich zu ziehen. Er gründete 1159 einen neuen Ort an alter Stelle:

Dort, wo die Schwartau in die Trave mündete, lag seit dem 9. Jahrhundert eine slawische Burg namens Liubice, ein Alt-Lübeck, das schon Vicelin zu einem seiner Stützpunkte zur Missionierung der Slawen gewählt hatte, 1138 jedoch zerstört wurde. Nachdem der Schauenburger Graf Adolf II. die Siegeburg auf dem Segeberger Kalkfelsen errichtet hatte, wählte er die Halbinsel, die durch Trave und Wakenitz gebildet wird und nur im Norden an einer schmalen Stelle fußläufig zu erreichen war, als Platz für eine neue Stadt. Er nannte sie Lübeck. Über diesen neuen Ort in einem nun befriedeten Hinterland geriet der Graf mit seinem Lehnsherrn, Heinrich den Löwen, in Streit. 1157 ging das Lübeck des Schauenburgers in Flammen auf. Schließlich zwang der Herzog den Grafen, ihm die Halbinsel Lübeck samt Hafen abzutreten. Unter seinem Schutz und Schirm sollte ein Tor zum Ostseehandel aufgestoßen werden. Hierher wurde 1160 der Sitz des ehemaligen Bistums Oldenburg verlegt, hier wollte Heinrich der Löwe, wie auch in Ratzeburg, einen Dom wachsen sehen – 1172 legte er den Grundstein für die Bischofskirche. Das Gemeinwesen erhielt Freiheiten, sich selbst zu verwalten. Der Einzelne, der ein Jahr und einen Tag in Lübeck gelebt hatte, hatte für sich – getreu dem Grundsatz „Stadtluft macht frei" – individuelle Freiheit erworben. Im Jahre 1161 vermittelte der Herzog in einem Kaufmannsstreit zwischen Lübeck und Gotland, dazumal wuchs eine Keimzelle für eine selbstbewusste Bürgerschaft einerseits und den mächtigen Bund der deutschen Kaufleute sowie von mehr als hundert Handelsstädten, die Hanse, andererseits.

Herzog Heinrichs Streit mit Kaiser Barbarossa sollte die Stadt Lübeck nicht in Mitleidenschaft ziehen. Im Gegenteil: Nachdem Heinrich der Löwe 1180 in die Verbannung gehen musste und die Macht im Norden Deutschlands zersplittert war, taktierten die Lübecker geschickt und emanzipierten sich von landesherrlicher Vormundschaft. Der Kaiser gewährte ihnen Hoheitsrechte über die Trave, Wakenitz und Stecknitz, der Kaiser hielt von nun an seine Hand über die Stadt – auch dies nutze der Entwicklung von Handel und Wandel. Die Rolle als zentraler Kreuzungspunkt der Warenströme, die einst Haithabu und dann Schleswig gespielt hatte, wurde nun Lübecks Hauptrolle.

Auch äußerlich wandelte sich der Ort: nach und nach wuchsen das Burgviertel im Norden an der Stelle, an der der Zugang zur Halbinsel möglich war, das Domviertel im Süden und das Marktviertel in der Mitte zusammen. Nun sollte die Stadt repräsentative Gebäude erhalten, die Lübecks Ruf als architektonische Attraktion be-

1350 wurde die mächtige Marienkirche vollendet. Sie ist der größte Bau der Backsteingotik und Vorbild für weitere Kirchenbauten im Ostseeraum.

gründeten und bis auf den heutigen Tag die einstige Größe und Bedeutung Lübecks als Stadtrepublik und Königin der Hanse gleichermaßen spiegeln. Bevorzugter Baustoff war der Backstein, hergestellt aus Tonen, die als natürlicher Rohstoff in der näheren Umgebung gewonnen werden konnten.

Im 13. Jahrhundert begannen die Arbeiten zum Bau des Heiligen-Geist-Hospitals, einer der ältesten Sozialeinrichtungen dieser Art in Europa. Nun entstand ab 1230 das Rathaus, das bis in das 19. Jahrhundert hinein umgebaut und überformt wurde. Nun begannen 1260 die Bauarbeiten für die Marienkirche in der Nähe von Rathaus und Markt, die fast ein Jahrhundert währten. Die Marienkirche wird zum sichtbaren Ausdruck bürgerlicher Repräsentation und selbstbewussten Gegenpart zum Dom des Bischofs im Süden der Halbinsel. Sie sollte zum Vorbild der großen Backsteinkirchen werden, die im gesamten Ostseeraum entstanden und Beispiele sind für die kulturelle Gemeinsamkeit rund um die Ostsee. Große Stadtbrände in den Jahren 1251 und 1276 gaben den Ausschlag dafür, dass die kombinierten Wohn- und Lagerhäuser nun in Stein errichtet werden. Im Laufe der weiteren Jahrhunderte kommen

markante Backstein-Meisterwerke der Baukunst hinzu, Kirchen, die Salzspeicher, das Holstentor etwa. Die bis heute im Wesentlichen unveränderte Straßenführung auf der Altstadtinsel legt Zeugnis ab von der vorbildlichen Funktionalität der mittelalterlichen Städteplanung.

Parallel zum Bau des gotischen Rathauses wird Lübisches Recht in lateinischer Sprache ausformuliert und 1225 erstmals aufgezeichnet. Es bildete späterhin das Fundament für das Zusammenleben auch in vielen der hundert Hansestädte. Der Bund der Hanse ging aus einem Abkommen hervor, das Lübeck und Hamburg 1241 abgeschlossen hatten, um sich vor Raubrittern zu schützen. Bis zum 14. Jahrhundert hatte das Bündnis der Stadtrepubliken den Höhepunkt seiner Macht erreicht, die auf dem Handel vor allem mit Hering, Stockfisch, Salz, Fellen und Tuch gründete; Ende des 15. Jahrhunderts war das Ende der überragenden Bedeutung der Hanse gekommen.

Im Jahre 1226 hatten die Lübecker als Krönung ihrer Eigenverantwortung den Freiheitsbrief von Kaiser Friedrich II. erhalten: Bis 1937 sollte ihre Stadt nun Freie Reichsstadt sein.

Würdigt die Bedeutung des Seehandels mit der Kogge: Das zweite Lübecker Stadtsiegel von 1255/56.

Heute steht ein schlichter Gedenkstein am „Könsbarg". Von hier soll König Waldemar II. den Schlachtverlauf 1227 verfolgt haben.

Dicht bei Bornhöved entspringt eine der beiden Quellen der Schwentine, deren Unterlauf bis zu ihrer Mündung in die Kieler Förde die Grenzlinie zwischen der deutschen Besiedlung westlich des „Limes Saxoniae" und der slawischen östlich davon markierte. Bornhöved lag also im Grenzgebiet, in einem umkämpften zudem. So kann die Kirche Bornhöveds mit ihrem einfachen, romanischen Feldsteinschiff, 1150 von Bischof Vicelin geweiht, auch als politische Manifestation verstanden werden.

Hier bei Bornhöved sollte der 22. Juli 1227 zu einem, wie Alexander Scharff es formulierte, „Schicksalstag der schleswig-holsteinischen und deutschen wie der nordeuropäischen Geschichte" werden. Das fügte sich so: Im Ostseeraum hatte sich im Verlauf des 12. Jahrhunderts ein dänisches Imperium gebildet, dem deutsche Bestrebungen gegenüber standen. Auf deutscher Seite allerdings stritt der Welfe Heinrich der Löwe mit dem staufischen Kaiser Friedrich Barbarossa um die Macht im Reich. Graf Adolf III. von Holstein stand zunächst auf der Seite Heinrichs des Löwen, dann entschied er sich für den Kaiser. Diese Wirren nutzen 1201 der dänische König Knud VI. und sein Statthalter Herzog Waldemar in Schleswig für sich. Sie nahmen Hol-

stein in Besitz und Adolf III. fest. Sie verbannten ihn auf die Schauenburg an der Weser. Das damalige Dänemark war auf dem Höhepunkt seiner Macht. Aber die währte nicht lange. Im Jahr 1223 wurde der dänische König, nunmehr Waldemar II., auf der Insel Lyö von einem deutschen Grafen festgesetzt. Diese Situation nutzte nun Adolf IV., eben mündig gewordener Sohn des verbannten Grafen, seinerseits, um die holsteinischen Gebiete wieder an sich zu reißen. Nach einer Schlacht bei Mölln und einigen folgenden Zugeständnissen der dänischen Seite war Waldemar II. entlassen worden, nachdem er hatte schwören müssen, auf Rache zu verzichten. Nun sammelte er, ausdrücklich vom Papst von seinem Eid entbunden, seine Kräfte, nahm Dithmarschen und Rendsburg ein, belagerte Segeberg und Itzehoe. Bei Bornhöved, in einer Ebene im Nordwesten des Ortes, trafen dann das dänische Heer und die Kräfte Adolfs IV. zu denen sich auch die Lübecker schlugen, die zunächst auf der Seite des Dänenkönigs standen, aufeinander. Vom so genannten „Könsbarg" hat, so heißt es, der König Waldemar II. das Schlachtengeschehen auf dem dazumal einsehbaren Gelände verfolgt. Im Verlauf der Schlacht soll er dann selbst verwundet worden sein und, der Sage nach, einen Ritter gebeten haben, ihn nach Kiel in Sicherheit zu bringen. Dort im Schloss habe dieser den gegnerischen König abgeliefert und sich zu erkennen gegeben, bevor er eilends in sein Lager zurückkehrte: Es sei niemand anderes als Graf Adolf IV. gewesen.

Bei Bornhöved kam es zu der, wie Otto Brandt schrieb, „folgenschwersten Kampfhandlung, die jemals auf dem Boden Schleswig-Holsteins ausgetragen worden ist."

Wenn auch Einzelheiten des Schlachtverlaufs nicht gesichert überliefert sind, gab es in der Folgezeit doch vielerlei Ausschmückungen. Die Dithmarscher, die auf der Seite des Dänenkönigs antreten mussten, hätten, so heißt es in der Sage, ihre Schilde umgedreht und wären den Dänen nun in den Rücken gefallen. Da der 22. Juli der Tag der Maria Magdalena ist, hieß es, die Heilige sei dem Schauenburger auf dessen flehentliches Bitten zur Hilfe gekommen, indem sie in den Wolken erschienen sei, ihren Schleier ausgebreitet und dergestalt die Hol-

Grabplatte Adolfs IV. im ehemaligen Kloster Kiel.

Ausschnitt aus der Sächsischen Weltchronik, die um 1300 entstand: Links unter dem weiß-roten Banner Graf Adolf IV., rechts unter dem dänischen Banner König Waldemar II.

sten vor sie blendenden Sonnenstrahlen geschützt habe. Nun hätten die Kämpfenden neuen Mut gefasst.

Der 22. Juli 1227 war ein Tag, an dem europäische Geschichte geschrieben wurde, denn der Ausgang der Schlacht hatte weitreichende Folgen: Hier manifestierte sich das Ende der dänischen Ostseeherrschaft, denn der dänische König musste Holstein, Lübeck, Hamburg, Lauenburg, Mecklenburg und Pommern abgeben. Nun konnte sich die deutsche Kolonisation der slawischen Ostseegebiete ausbreiten. Nun war die Voraussetzung für den Aufstieg Lübecks und der Hanse geschaffen. In Holstein, Storman und Wagrien, künftig zusammenfassend als Holstein bezeichnet, war die Herrschaft der Schauenburger gesichert.

Bereits im Jahre 798 hatte es eine erste Schlacht von Bornhöved gegeben, als sich auf dem Sventanafeld, dem Schwentinefeld, Karl der Große und seine Franken einerseits, verbündet mit den slawischen Abodriten, den Sachsen gegenüberstanden, die Nordelbingen besiedelten. Karl der Große gab nach seinem Sieg den Abodriten freie Hand nördlich der Elbe. Als diese sich jedoch Angriffen des dänischen Königs Göttrik nicht erwehren konnten, schuf Karl ein Jahrzehnt nach der Schlacht klare Verhältnisse: Nordelbingen wurde durch fränkische Truppen besetzt, der „Limes Saxoniae" trennte künftig sächsische und slawische Siedlungegebiete.

Die dritte Schlacht bei Bornhöved fand dann im Jahre 1813 südlich des Ortes statt, als Napoleon vor Moskau scheiterte und seine französisch-dänischen Truppen auf dem Rückzug waren. Ihnen stellten die Verbündeten der Anti-Napoleon-Koalition, Deutsche, Schweden und Russen nach. Der Kampf ging freilich unentschieden aus, historische Bedeutung hatte diese dritte Schlacht bei Bornhöved nicht mehr.

Bei abgelaufenem Wasser gibt die Nordsee den Blick auf Besiedlungsspuren im Wattenmeer frei: Erkennbar die Grundform einer Warft mit zwei Fethingen, die der Versorgung mit Trinkwasser dienten.

Das Wattenmeer vor der Nordseeküste ist eine amphibische Landschaft. Im Zusammenspiel von Mond und Erde, von Massenanziehung und Fliehkraft entstehen jeden Tag zwei Flutberge, die um den Erdball wandern. So entsteht auch der Wechsel von Ebbe und Flut in der Nordsee: Von Flut zu Flut vergehen gut zwölf Stunden, sechs Stunden kommt das Wasser, dann ist Hochwasser, dann fällt es wieder, nach sechs Stunden ist Ebbe, dann läuft das Wasser wieder auf und so weiter und so weiter. Alle zwölf Stunden gibt das Meer das Wattenmeer frei. Dies ist vor Nordfriesland mit seinen Nordfriesischen Inseln ein geschichtsträchtiges Areal. Es war der Dichter Detlev von Liliencron (1844–1909), der mit seiner Ballade „Trutz, blanke Hans" aus dem Jahr 1882 das Wissen um versunkenes Land unvergessen und populär machte: „Heut bin ich über Rungholt gefahren / Die Stadt ging unter vor fünfhundert Jahren."

Und tatsächlich: Im Januar des Jahres 1362 wurde die schleswig-holsteinische Westküste von einer Sturmflut heimgesucht, die zu den größten Naturkatastrophen im Europa des Mittelalters gehört. Das Deichwesen in den Uthlanden hatte in jenen Jahren sicherlich gelitten, denn schon in den Vorjahren wurden die Menschen von extremen Wetterlagen heimgesucht. 1350 grassierte zudem die Pest. Einige Zeit später soll schon eine Prophezeiung kursiert haben, in der es hieß, dass das Meer sich demnächst erheben und die Gegend weit und breit überfluten werde. Das Ausmaß der Zerstörung mit gewaltigen Menschen- und Landverlusten ließ die Menschen offenbar an Aberglauben oder an alttestamentarische Straf-Katastrophen denken. Im Nachhinein ist in Sagen und vor allem eben in Liliencrons Dichtung die Flut als Sintflut gedeutet worden, die den Hauptort eines sittenleichten und verschwenderischen Lebenswandels hinweggespült hatte. Aber von Rungholt als norddeutschem Rom, wie Liliencron es sich vorstellt, konnte keine Rede sein. Tatsächlich verschwand nicht nur Rungholt nahezu spurlos von der Landkarte – zu den spärlichen Artefakten gehört ein Balken, der im Husumer Nissenhaus ausgestellt ist und mit 90prozentiger Sicherheit aus dem frühen 14. Jahrhundert stammt. Vielmehr sollen 30 Kirchen und Kirchspiele untergegangen sein. Der Heverstrom brach bis Husum ins Land. Die Sturmflut vom Januar 1362 wurde späterhin „Grote Mandrenke" genannt. Ihre zerstörerische Wirkung setzte sich noch fort, als die eigentliche Mandrenke schon überstanden war: Die gewaltigen Zerstörungen ließen sich nicht so rasch beheben. Summa summarum sollen 44 Kirchspiele überflutet worden sein.

Besiedelt war das Küstengebiet nördlich der Eider seit den Jahren 800 bis 1000 von Friesen, die aus der Gegend der Rheinmündung an die schleswigsche Westküste zuwanderten. Sie wohnten auf den hohen Geestinseln Sylt, Föhr und Amrum und zunächst auf den noch flachen Warften in den Niederungen der Westküste, der Uthlande. Regiert wurden sie von den dänischen Königen, bis im 12. Jahrhundert das Herzogtum Schleswig entstand.

Die Faszination, die von dem einen versunkenen Ort namens Rungholt ausgeht, ist bis heute geblieben. Gesicherte Fakten dagegen sind nach wie vor spärlich. Al-

Strömungen tragen eine Wattschicht ab. Links vom Lauf des Priels sind Ackerfurchen, Warften und Brunnen des Dorfes Bupsee freigelegt. Der Ort ging 1634 unter.

bert Panten fasst sie so zusammen: „Rungholt hat existiert und hatte, bezogen auf seine unmittelbare Umgebung, eine herausgehobene Stellung, es war aber keinesfalls als Stadt zu bezeichnen. Rungholt lag im Bereich des heutigen Wattenmeeres zwischen Pellworm, Nordstrand und Südfall. Es ist davon auszugehen, dass Rungholt tatsächlich 1362 untergegangen ist. Mehr weiß man bis heute nicht." Als Ursache für die Schwere der Verwüstungen stehen verschiedene Erklärungen in Rede: Der Boden könnte abgesackt sein, aus Gründen von Bewegungen im Untergrund oder weil das Land systematisch entwässert wurde und der Boden sich dadurch verdichtete oder durch den seit Jahrhunderten praktizierten Abbau von Torf, um an Salz zu kommen, das sich in den Torfschichten abgelagert hatte.

Die heute bekannten Inseln Pellworm und Nordstrand sind selbst von der Sturmflut geformt: Die Insel, die 1362 in der Katastrophe entstand und Strand oder Alt-Nordstrand hieß, etwa 200 Quadratkilometer groß und von etwa 8.600 Menschen bewohnt, wurde am 11. Oktober 1634 durch eine plötzliche Sturmflut, die zweite Mandrenke, zerschlagen. Mehr als 6.000 Menschen ertranken in den Fluten, etwa 50.000 Stück Vieh kamen um. Reste dieser Insel Strand sind heute Nordstrandischmoor und auch Nordstrand und Pellworm.

Im Wattenmeer selbst sollen bis in die 20er-Jahre des 20. Jahrhunderts noch Kulturspuren aus der Zeit von 1362, Spuren von Rungholt, zu sehen gewesen sein. Aber auch heute ist der Meeresgrund im Nordfriesischen Wattenmeer von Kulturspuren gezeichnet: Bei Ebbe sind Ackerfurchen, Warften, Gräben und Sodenbrunnen deutlich zu sehen und erinnern an die 1634 untergegangene Insel Alt-Nordstrand.

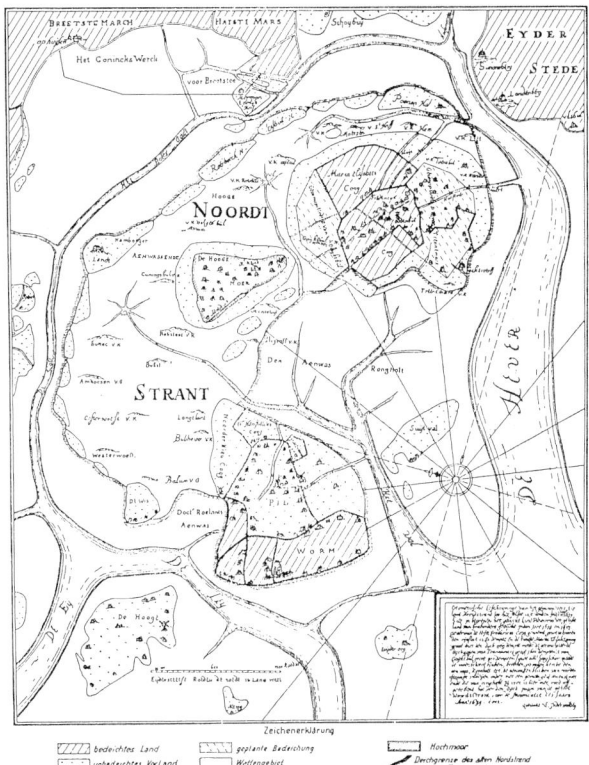

Karte von Alt-Nordstrand, 1659. 1634 ist mit der reichen Insel Alt-Nordstrand eine Kernlandschaft Nordfrieslands untergegangen.

Heute in Steinbauweise erhalten: Die so genannte Palmschleuse mit ovaler Schleusenkammer fasste bis zu zwölf Kähne und geht auf eine hölzerne Kammerschleuse aus dem Jahr 1393 zurück.

Urkunde Herzog Erichs IV. von Sachsen-Lauenburg aus dem Jahr 1390: Hier wurde der Bau einer schiffbaren Verbindung zwischen Mölln und der Elbe besiegelt.

Der Wohlstand der Stadt Lauenburg, eines Ortes geteilt in die Oberstadt auf einem Geesthügel und eine Unterstadt am Elbufer gelegen, war immer mit der Flussschifffahrt verbunden. Dies längst schon in den Zeiten, als Lauenburg mit Schleswig-Holstein eigentlich noch gar nichts zu schaffen hatte. Denn der heutige Kreis Herzogtum Lauenburg ist nicht nur der einzige Kreis im Land, neben Dithmarschen, mit nahezu unveränderten Grenzen seit dem Mittelalter und wie Dithmarschen hat er seine eigene Geschichte, die im Falle Lauenburgs erst im 19. Jahrhundert mit der der anderen beiden Elbherzogtümer Schleswig und Holstein verknüpft wird. Im Jahre 1180 trat das Grafen- und Fürstengeschlecht der Askanier, die nach der Burg Askanien bei Aschersleben heißen, einen Teil des Erbes des verbannten Heinrich des Löwen an. Bis 1689, als die Askanier ausstarben, bestand hier ein Herzogtum Sachsen-Lauenburg, das nun bis 1803 zum Herzogtum von Braunschweig-Lüneburg und Kurfürstentum Hannover gehörte. Zwischenzeitlich dänische Domäne, hatte man sich nach 1864, nach dem Deutsch-Dänischen Krieg, für einen Anschluss an Preußen entschieden. Nachdem Preußen sich 1867 auch Schleswig und Holstein einverleibte, kamen die drei Herzogtümer unter eine Obrigkeit. Im Jahr 1876 wurde das Herzogtum Lauenburg als 21. Landkreis der Provinz Schleswig-Holstein angeschlossen.

Lauenburgs große Zeit liegt allerdings Jahrhunderte zurück und war eng mit dem Schicksal der Hansestadt Lübeck verbunden. Im 14. Jahrhundert stand Lübeck im Zenit seiner politischen und ökonomischen Macht. Die fußte zu einem wesentlichen Anteil auf dem Handel mit Salz aus Lüneburg. Das Salz wurde von Lübeck aus, dort stehen eindrucksvolle Salzspeicher noch immer an der Trave neben dem Holstentor, in den gesamten Ostseeraum verschifft. Das „weiße Gold" war als Konservierungsmittel etwa für Fisch unverzichtbar. Für den Transport aus den Salinen Lüneburgs suchten die Lübecker Handelsherren zur Sicherung ihres Monopols nach einem Handelsweg, der Lüneburg enger an Lübeck band und Hamburg oder Schwerin als etwaige Konkurrenten ausschaltete. Aus diesem Grunde wurde in den Jahren 1391 bis 1398 eine künstliche Wasserstraße gebaut. Es entstand der Stecknitzkanal, der die Trave mit der Elbe verband und aus der jütischen Halbinsel eine Insel machte.

Die vertraglichen Voraussetzungen für die Verwirklichung der Kanalpläne waren 1390 zwischen der Stadt Lübeck und Herzog Erich IV. von Sachsen-Lauenburg geschaffen worden: Lauenburg musste beim Bau, der doch acht Jahre dauerte, lediglich mit 20 Tagen pro Jahr mit 30 Arbeitern helfen, die übrigen Kapazitäten hatte Lübeck zu stellen. Im Gegenzug sollten Lübeck während der ersten 17 Jahre die zu entrichtenden Zölle allein zustehen, erst danach sollten Einnahmen zwischen dem Herzog von Sachsen-Lauenburg und der Stadt Lübeck geteilt werden.

Am 22. Juni 1398 kamen mehr als 30 mit Salz und Kalk beladene Schiffe von Lüneburg erstmals durch den Kanal in Lübeck an. Auf dieser Strecke durften nur Lübecker Stecknitzfahrer unterwegs sein, Lauenburgern war es im Ausnahmefall gestattet, den Kanal von Lauenburg bis Mölln zu benutzen. „Die Lauenburger wiederum,“ so Gerd Stolz, „ließen es sich verbriefen, allein alle Güter, die von Stecknitzschiffen auf dem Rückweg aus Lübeck oder einem anderen Ort am Kanal mitgenommen und in Lauenburg umgeschlagen wurden, auf der Elbe weiterzuverfrachten, vornehmlich nach Hamburg …“. So nutzen die Lauenburger Schiffer die strategische Lage ihres Ortes zum eigenen Lebensunterhalt.

Zwar wurde für die Trasse der Schifffahrtsstraße eine günstige Variante im Verlauf der Stecknitz, der Delvenau und eines alten Landwehrgrabens gewählt, Stecknitz und Delvenau sind dann mit einem etwa 11,5 Kilometer langen Graben verbunden worden. Damit wurde der Wasserweg jedoch zum ersten Wasserscheidenkanal Nordeuropas. Zur Überwindung der Wasserscheide waren aber ursprünglich 12, dann 17 Schleusen

Lauenburgs Unterstadt am Elbufer.

erforderlich, die den Wasserstand der Schifffahrtsstraße regulierten. Die berühmteste ist die so genannte Palmschleuse in Lauenburg: Sie ist bereits 1393 gebaut und zusammen mit dem Kanal 1398 in Betrieb genommen worden und gilt damit als die älteste Schleusenanlage in Europa. Zunächst war sie als hölzerne Kammerschleuse gebaut, seit 1724 ist sie nach neuen Plänen in Stein gesetzt worden und erhielt eine ovale Form. Ihren Namen hat die Schleuse von einem Wassermüller und Schleusenmeister namens Palm, der seine Aufgaben im 16. Jahrhundert versah. Bis zu zwölf der damaligen Stecknitzschiffe konnten sich nun in dem Meisterwerk der Ingenieurs- und Wasserbaukunst des Mittelalters gleichzeitig durchschleusen lassen, ein Stecknitzkahn fasste etwa 10 bis 15 Wagenladungen. Jetzt war eine „nasse Salzstraße“ entstanden, die die umständlichere jahrhundertealte Landverbindung ablöste, zumindest im Sommer, wenn kein Eis die Schifffahrt behinderte.

Der Stecknitzkanal konnte freilich die mit der Zeit größer werdenden Schiffe nicht mehr aufnehmen; im 14. Jahrhundert lag seine Wasserspiegelbreite bei etwa 7,50 Metern, die Fahrrinne war gerade einmal 0,85 Meter tief. Zur Jahrhundertwende 1900 ist ein neuer Elbe-Lübeck-Kanal freigegeben worden, der alte Kanal aus dem Mittelalter blieb sich nun selbst überlassen und die Lauenburger Schiffer mussten sich nach anderen Routen umsehen.

Darstellung eines beladenen Stecknitzfahrer-Kahns, 1758.

Zu den Landschaften mit einer interessanten historischen Sonderentwicklung gehört Dithmarschen, das heute dieselben Grenzen hat wie zur Zeit Karls des Großen: Im Westen die Nordsee, im Norden die Eider, im Süden die Elbe. Im Osten wurde das Territorium durch Wasserläufe und Sümpfe so begrenzt, wie heute etwa der Nord-Ostsee-Kanal verläuft. Wer nach Dithmarschen will, muss also übers Wasser. Die Insellage des Gebietes hat die historische Entwicklung geprägt.

Hauptort des heutigen Kreises Dithmarschen ist Heide, das zu den jüngsten Siedlungen in der Landschaft gehört. Heides Stadtplan und Stadtbild werden durch einen Marktplatz mit stattlichen Abmessungen geprägt; er gilt heute als der größte unbebaute Markt Deutschlands. Seine Geburtsstunde schlägt inmitten

von bürgerkriegsähnlichen Zuständen in Dithmarschen.

Im Laufe vor allem des 11. und 12. Jahrhunderts gewannen die Bauernfamilien, die sich in genossenschaftlich organisierten Familienverbänden, den Geschlechtern, zusammengeschlossen hatten, dem Meer zunehmend Boden ab. Parallel zu dieser Entwicklung bildeten sich Kirchspiele heraus, die kirchliche und kommunale Institutionen gleichzeitig waren. Im 12. und 13. Jahrhundert entwickelten sie sich zu den eigentlichen Trägern der politischen Autorität. Adelige konnten in der Region nicht Fuß fassen. Nominell war der Erzbischof von Bremen Dithmarschens Landesherr, faktisch bestimmten die Kirchspiele die Geschicke. Diese standen sich um die Jahre 1420/1430 mit „raub, brant und mort"

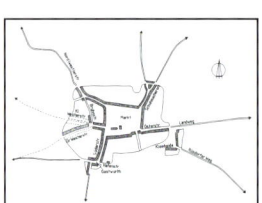

Zuerst war der Platz da, dann wuchs Heide darum herum. Der Versammlungsplatz war aus allen Himmelsrichtungen zu erreichen.

Der Heider Markplatz im Zentrum der Stadt als Versammlungsplatz. Mit dem „Marktfrieden" wird heute an Dithmarschens Republikzeit erinnert.

gegenüber. Grund der Auseinandersetzung waren außenpolitische Meinungsunterschiede. Die küstennahen Kirchspiele und der Hauptort Meldorf sahen in hamburgischen Kauffahrteischiffen ein willkommenes Beutegut – nicht selten lockten sie die Schiffe in die Irre, ließen sie so auf Grund laufen und beriefen sich dann auf das Strandrecht von alters her. Die Bewohner des nördlichen Dithmarschen wollten sich der Hamburger lieber als friedliche Handelspartner versichern. In dieser Auseinandersetzung war Meldorf als Hauptort nicht mehr konsensfähig. Vertreter der Hamburg-Freunde trafen sich 1434 auf neutralem Boden „uppe de heide", um über das weitere Vorgehen zu beraten. Sie hatten eine Stelle ausgesucht, wo dazumal Dithmarschens Marsch und Geest am breitesten waren und die sich aus allen vier Himmelsrichtungen gut erreichen ließ. Hier steckten sie ein Geviert ab, das ihnen als Versammlungsplatz dienen sollte. Bald trat auch Meldorf dem Bunde der Hamburg-Freunde bei, die siegreich aus dem Konflikt hervorgingen. Der Platz auf der Heide wurde jedoch als Versammlungsplatz beibehalten. Er war dafür gedacht, die Versammlung aller freien Dithmarscher aufzunehmen, etwa 3.500 Männer, die mitzureden hatten und die mit Gepäck, Bediensteten und Familienangehörigen erschienen.

Wie als Lehre aus dem Bürgerkrieg wurde 1447 ein Dithmarscher Landrecht kodifiziert, zu dessen zentralen Elementen der Marktfriede gehörte, der einheimischen wie auswärtigen Händlern garantierte, dass sie ihren Geschäften friedlich nachgehen konnten. Zeitgleich wurde beschlossen, ein Kollegium aus 48 Regenten, das als oberstes Gericht und in bescheidenen Ansätzen als Zentralregierung aller Kirchspiele fungieren sollte, regelmäßig auf dem Versammlungsplatz tagen zu lassen. Der Platz wurde zu Marktplatz und Gerichtsort, er war aber vor allem ein politischer Ort: Durch die Umstände seiner Ausweisung als Treffpunkt und durch die Zusammenkünfte der Landesversammlungen der gewachsenen, wohlhabenden Republik sowie durch die regelmäßigen Tagungen ihrer 48 Regenten.

Wenige Jahrzehnte später, im Februar 1500, konnten die Dithmarscher einen Angriff des Adels unter Führung des Königs von Dänemark in der legendären Schlacht bei Hemmingstedt zurückschlagen, obwohl sie zahlenmäßig weit unterlegen waren. Die vom Heider Marktplatz aus regierte Republik und die in ihr führende Schicht der großen Bauern erlebten im 15. und 16. Jahrhundert ihre Blütezeit, Dithmarschens „goldenes Zeitalter". Die Bauern machten Politik, sie kooperierten und handelten selbstbewusst mit den Stadtrepubliken der Hanse, sie unterhielten gewinnträchtige Handelsbeziehungen und erweiterten ihr Territorium durch Landge-

Marcus Swin und seine Frau 1552. Das Bild zeigt den Großbauern und Angehörigen des Rates der 48 Regenten wie einen Edelmann. Seine Frau, angetan mit reichem Schmuck, trägt die traditionelle Tracht einer Bäuerin in Dithmarschen.

winnung nach Westen und Urbarmachung im Innern des Landes.

Die Fürsten allerdings wollten es nicht bei der schmählichen Niederlage belassen. In einem erneuten Feldzug 1559 gelang es ihnen, den militärischen Widerstand der Dithmarscher zu brechen. Nach der „Letzten Fehde" bei Heide musste sich die Landschaft unterwerfen; der dänische König und die beiden anderen Herzöge von Schleswig und Holstein teilten die Beute unter sich auf. Zwar gelang es den Dithmarschern, im Rahmen der Kapitulationsverhandlungen wichtige Privilegien für sich herauszuhandeln, die Mühlenfreiheit etwa. Zudem konnten Reparationszahlungen gemildert und die Errichtung von landesherrlichen Schlössern abgewendet werden. Unter die Zeit der selbständig regierten Republik freilich wurde ein Schlussstrich gezogen. Auf dem Heider Marktplatz regiert seitdem nur noch das Geld.

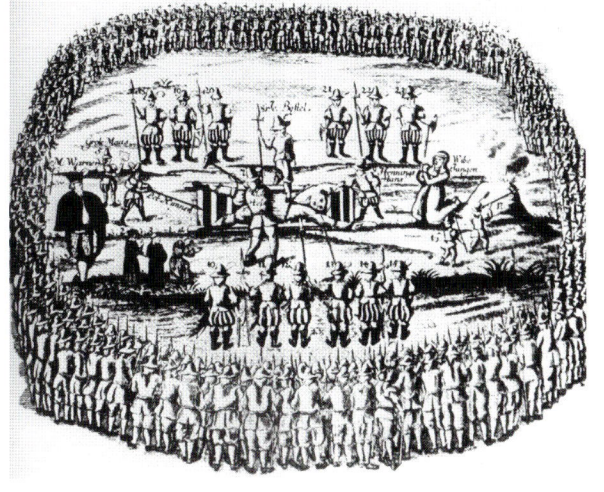

Auf dem Heider Marktplatz wurde über den Reformator Heinrich von Zütphen verhandelt. Er wurde zum Feuertod verurteilt und starb am 10. Dezember 1524 auf der östlich des Marktes gelegenen Richtstätte, weil der Scheiterhaufen nicht brennen wollte.

Am 4. Dezember 1459 starb der holsteinische Graf Adolf VIII. in Segeberg. Damit endete eine Epoche: Im Jahre 1111 hatte der Sachsenherzog und spätere Kaiser Lothar von Supplinburg seinen Lehnsmann Adolf von Schauenburg, südlich der Elbe sagt man Schaumburg, zum Nachfolger des Grafen Gottfried von Hamburg, der im Kampf gegen die Slawen gefallen war, und damit zum Herrscher über Holstein gemacht. Im Jahr 1326 griffen die Schauenburger erstmals nach Schleswig und im Jahr 1440 übertrug der dänische König das Herzogtum an Adolf VIII. als erbliches Lehen. Nun waren Schleswig und Holstein unter den Schauenburgern vereint. Im Jahr 1448 bot der dänische Reichsrat ihm sogar die Königswürde an, um wieder Einfluss auf Schleswig zu erhalten. Adolf lehnte aber ab und empfahl seinen Neffen, Christian von Oldenburg, der zum dänischen König Christian I. gewählt wurde und damit die Herrschaft der Oldenburger in Dänemark begründete, die bis

Mit dem Privileg von Ripen 1460 wurde die Personalunion der Herrschaft über Dänemark, Schleswig und Holstein unter den Oldenburgern besiegelt. Sie währte bis 1864.

auf den heutigen Tag anhält. Als nun allerdings Adolf VIII. ohne Erben gestorben war, drohten Schleswig und Holstein wieder auseinander zu fallen, denn Schleswig würde wieder an die dänische Krone zurückfallen. Daran fand die holsteinische Ritterschaft kein Gefallen, denn sie hatte ihren Einfluss unter den Schauenburgern auch nach Schleswig ausgedehnt; die Eider als Grenze wäre ihr ungelegen gekommen. „Für sie und den Rat des Landes," so schrieb Alexander Scharff, „ist der Gedanke maßgebend, dass Schleswig und Holstein nicht getrennt werden dürfen; daher schließt sich die Ritterschaft zu einem Schwurverband zusammen und gelobt, nur einen Herrn über beide Lande zu wählen." Mehrere Tagungen und Verhandlungen mit mehreren Anwärtern waren allerdings erfolglos geblieben. Diese Situation löste König Christian I. auf, indem er, so Scharff, die Verhandlungen mit den schleswig-holsteinischen Räten „nach Ripen zieht".

In Ripen nun, der Stadt, die die ersterwähnte unter allen dänischen Städten ist und auf wikingische Ursprünge zurückgeht, lässt sich König Christian I. durch die Bischöfe von Lübeck und Schleswig sowie zehn adlige Räte „in Vollmacht des ganzen Landes" am 2. März 1460 zum Herzog von Schleswig und Grafen von Holstein und Stormarn wählen. Der Schleswiger Bischof verkündete das Wahlergebnis den Menschen vor dem Ripener Rathaus. Als Gegenleistung versprach der Gewählte mit Fürstenehrenwort, Handfeste genannt, unter anderem, dass Schleswig und Holstein/Storman für alle Zeiten zusammenbleiben und nicht unter mehrere Angehörige des Herrscherhauses aufgeteilt werden sollte: „dat se bliven ewich tosamende ungedelt." Außerdem versprach er wichtige Rechte, etwa keine Steuern zu erheben ohne Zustimmung der Räte und der Ritterschaft, er versprach der Ritterschaft Zollfreiheit für die Waren ihres eigenen Bedarfs. Er versprach, keinen Krieg ohne Rat und Zustimmung der Räte zu führen, die Heerfolge außerhalb des Landes war der Ritterschaft freigestellt. Und er versprach, die Schulden Adolfs VIII. zu bezahlen. Die Zusagen des Königs wurden schriftlich niedergelegt und am 5. März in Ripen von ihm unterschrieben. Dänische Bischöfe und Reichsräte bestätigten die Vereinbarung durch ihr Siegel. Die Hauptforderungen der Ritterschaft waren damit erfüllt. Mehrere Mitbewerber sind durch hohe Geldbeträge abgefunden worden.

Als Christian I. sich nach seiner Wahl in Ripen nach Süden in Bewegung setzte, um Schlösser und Städte symbolisch in Besitz zu nehmen, musste er in Kiel allerdings noch nachverhandeln: Die Schleswig-Holsteinische Ritterschaft wollte ihm erst huldigen, wenn er ihnen in weiteren Punkten entgegenkäme, etwa im Münzwesen und bei der Gerichtsbarkeit. Über Krieg oder Frieden sollten nicht nur die Räte, sondern auch die Ritterschaft mitentscheiden. Auch dieses Regelwerk, das „Tapfere Verbesserung" genannt wurde, unterschrieb er. Nun konnte er die Huldigung der Ritterschaft und die Belehnung mit Holstein im Namen des Kaisers durch den Bischof von Lübeck entgegennehmen.

Mit den Vereinbarungen von Ripen und Kiel ist die dynastische Verbindung Schleswigs und Holsteins festgeschrieben worden. „Fortan besteht," so Christian Degn, „zwischen dem deutschen Lehen Holstein und dem dänischen Lehen Schleswig eine Realunion. Diese ist mit dem Königreich Dänemark lediglich in Personalunion verbunden; diese Verbindung kann beim Tod des Herrschers aufgelöst werden." Bis 1864 sollte sie halten.

Nur ungeteilt blieben Schleswig und Holstein, späterhin zum Herzogtum erhoben, schon vordem nicht: Am folgenschwersten war die Landesteilung von 1544: Der dänische König Christian III. entschädigte seine jüngeren Halbbrüder, indem „der Besitz der Landesherrn jeweils möglichst gleichmäßig zu beiden Seiten der Eidergrenze gestreut war," so Dieter Lohmeier. „Damit sollte gewährleistet werden, das alle drei Landesherren mit gleichem Recht und gleichem Gewicht Herzöge von Schleswig und Herzöge von Holstein sein und sich nicht zum Herrn des einen oder des anderen der beiden Herzogtümer entwickeln sollten." Die Ritterschaft war einverstanden, da die drei Landesherren gemeinsam regierten. Die Landkarte Schleswig-Holsteins wurde allerdings zum unübersichtlichen Flickenteppich.

Das Schloss vor Husum in heutigem Zustand.

Nach den Vereinbarungen von Ripen und Kiel war aber noch längst nicht alles im Reinen. Vor allem Christians Bruder Gerhard von Oldenburg rebellierte gegen den König, der nun auch Herzog von Schleswig und Graf von Holstein war, auch weil ihm eine Entschädigung dafür versprochen worden war, dass nicht er, sondern sein Bruder in Ripen gewählt wurde. Auf die wartete er allerdings vergeblich. Gerhard konnte vor allem die Bauern der Elbmarschen und Nordfrieslands auf seine Seite ziehen. „Er ritt von einem Kirchspiel zum andern," so Albert Panten, „und lud die Leute in den Krug, gab so viel Bier aus, als sie trinken konnten, klagte und sagte, dass sie in Vorzeiten schwer besteuert worden wären, doch dies habe dem Land nicht viel geholfen, Das sei Schuld der Adligen, die auf den Schlössern säßen und dafür sorgten, dass die Schulden des Königs nicht abnähmen." Christian I. gelang es zwar 1470, ei-

nen offenen Aufruhr mit Unterstützung vor allem Hamburgs und Lübecks niederzuschlagen und den rebellischen Bruder außer Landes zu jagen. Doch die Unruhe blieb. Vor allem die Landbevölkerung hatte unter einer hohen Abgabenlast zu leiden und begehrte gegen die Adligen auf. Insbesondere auf der alten Insel Nordstrand, auf Eiderstedt und in der Wilstermarsch setzte man wieder Hoffnungen auf Gerhard von Oldenburg. Am 5. September 1472 dann landete dieser mit etwa 80 oder 90 Männern in Husum und nahm den Ort praktisch in Besitz, ließ Befestigungen aufwerfen – ohne dass die Husumer sich dem widersetzt hätten. Im Gegenteil: sie huldigten dem Rebellen. Auch die uthländischen Harden und die Bauern von Stapelholm und aus der Wilstermarsch schlossen sich dem an.

Einige Friesen meldeten der Obrigkeit, was dort nun im Gange war. König Christian I. allerdings ließ sich das nicht lange bieten. Am 21. September stand er mit seinem Heer vor Husum. Wieder fand er die Unterstützung durch Lübeck und Hamburg, aus Lübeck wurden 400 Söldner geschickt, aus Hamburg 600 Mann, denn gerade die Hamburger hatten mit Argwohn beobachtet, dass Husum besonders für Kaufleute aus Amsterdam ein attraktiver Handelsplatz geworden war, die vor allem Getreide mit der Bestimmung für Flensburg und Schleswig lieferten. Das konnte den Hansestädten an der Ostseeküste nicht gefallen. Graf Gerhard floh angesichts der Übermacht des Königs und der Widerstand der Husumer fiel in sich zusammen, noch ehe er überhaupt richtig begonnen hatte. Nun sollte es ihnen und den Aufständischen aus der Umgebung schlecht ergehen: Die Hamburger wollten Husum am liebsten in Schutt und Asche legen lassen, damit der mögliche Konkurrent gleich ein für alle mal ausgeschaltet war. Dazu kam es nicht, denn eine Kuh, die man melken will, soll man nicht schlachten. Aber dem Ort gingen alle Privilegien verloren, 34.000 Mark Brandschatzung mussten gezahlt werden. Die Wort- und Anführer des Aufstandes verloren ihre Grundstücke und ihr Vermögen, wer sonst noch zu den Rebellen gehörte, erhielt eine Sondersteuer von 200 Mark pro Jahr auferlegt. Diejenigen, die dem König treu waren, wurden aus der Hinterlassenschaft der Rebellen belohnt. So wurde 1472 wohl auch ein Teil der Bevölkerung ausgetauscht, indem sich Königstreue in ihren neuen Häusern in Husum ansiedelten. Am schlimmsten allerdings traf es 70 Männer aus Husum, von Nordstrand, Stapelholm und Eiderstedt – sie wurden in Husum hingerichtet. Bis auf den heutigen Tag werden Reliefporträts am Giebel des so genannten „Herrenhauses" am Husumer Marktplatz als „Rebellenköpfe" bezeichnet. Ob das wirklich Porträts der Aufständischen sind, ist nicht nachgewiesen.

Der Wirtschaftskraft des Raumes um Husum und des Ortes selbst taten die Vorfälle auf Dauer keinen Abbruch. Im Gegenteil: Handel und Wandel entwickelten sich und gut einhundert Jahre nach dem Aufstand kommt der regierende Herzog Adolf von Schleswig-Holstein-Gottorf (1526–1586) als Bauherr in den Ort: Als äußerer Ausweis seiner landesherrlichen Macht dienen ihm vor allem seine Schlossbauten: Kiel lässt er ausbauen, in Tönning, Reinbek und eben in Husum baut er gleich neu. In Husum erfolgte die Grundsteinlegung 1577, die Bauarbeiten dauerten fünf Jahre. Hier entstand eine dreiflügelige, symmetrische Anlage, aus Backstein gemauert mit Sandsteinbändern, mit einem Turm als Mittelachse im Stil der niederländischen Renaissance, die der Herzog als Nebenresidenz nutzte. Im folgenden Jahrhundert wurde die Anlage als Witwensitz der Gottorfer immer weiter ausgebaut. Eine besondere

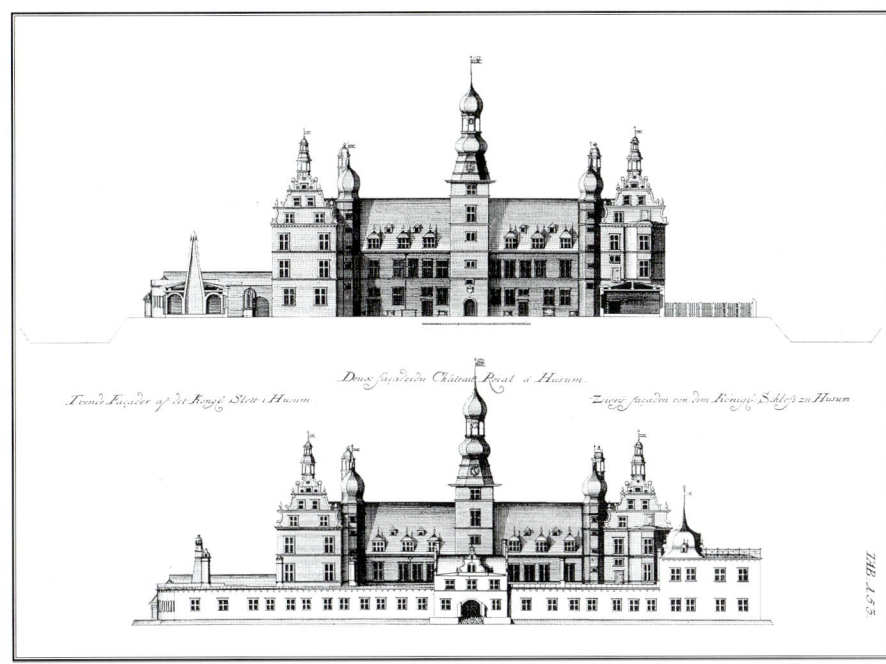

Blütezeit erlebte das Husumer Schloss unter Herzogin Augusta (1616–1639), mit deren Name vor allem ein neues Torhaus und prächtige Kamine innerhalb des Schlosses verbunden sind, sowie unter ihrer Schwiegertochter Herzogin Maria Elisabeth, die ab 1660 in Husum lebte. Sie förderte ein lebendiges kulturelles Leben an ihrem Hof. Nach dem Tod Maria Elisabeths 1684 wurde es stiller hier, mit der Vereinigung der gottorfischen Teile des Herzogtums mit den königlichen 1721 fiel die Anlage an das dänische Königshaus. Husums große Zeit als Residenzstadt war nun vorüber.

Als Nebenresidenz für Herzog Adolf von Schleswig-Holstein-Gottorf errichtet: das Schloss vor Husum aus dem 16. Jahrhundert.

Während des Aufstandes hielt Broder Fruddenson zum König. 1480 erhielt er diesen Adelsbrief zur Belohnung.

Mit wilhelminischem Pomp ist im Februar 1900 das Denkmal zur Erinnerung an die Schlacht bei Hemmingstedt eingeweiht worden. Es steht in der Nähe des Schlachtfeldes.

Fund eines Pferdeskeletts und menschlicher Schädel 1996 auf dem Hemmingstedter Schlachtfeld.

An der schleswig-holsteinischen Westküste, zwischen Meldorf und Hemmingstedt, nah beim Dorf Epenwöhrden zeigt sich die Landschaft unaufgeregt: Flache, grüne Marsch, hier und da liegt ein Gehöft, links und rechts der Wege durchziehen Gräben das Land zur Entwässerung. Das ist heute nicht anders als vor einem halben Jahrtausend, als es hier bei Hemmingstedt zu einer legendären Schlacht kam, in der die zahlenmäßig weit unterlegenen Bauern ein übermächtiges Fürstenheer besiegten.

Bis zu seinem Tode 1481 konnte der dänische König Christian seinen Anspruch, den er auf die wohlhabende Landschaft Dithmarschen erhob, nicht durchsetzen. Seit 1481 sah die Lage anders aus: Nun regierten der König Johann, meist Hans genannt, und dessen Bruder Friedrich, Herzog des Gottorfer Anteils. Johann hatte die „Schwarze Garde" angeheuert, sie versammelte sich am 8. Februar mit etwa 4.000 Mann bei Neumünster. Wenn man der Darstellung des Chronisten Neocorus folgt, dann war dies eine bunt zusammengewürfelte Truppe, eine Art Fremdenlegion des Mittelalters. Dazu stießen Adlige aus Jütland und den Herzogtümern sowie Ritter aus Oldenburg, Braunschweig, Lüneburg, der

Mark Brandenburg und anderen Territorien, zusammen etwa 2.000 Berittene, davon ein Viertel schwer gepanzert. Dazu boten die Fürsten eine Landwehr aus Bauern und Bürgern auf, ungefähr 5.000 freilich nicht sehr waffengeübte Männer aus Jütland, Schleswig und Holstein. Weiter wurden eine Artillerie von etwa 30 Stück sowie ein Tross von knapp 1.000 Wagen mitgeführt: Zur Verpflegung des Fürstenheeres und selbstredend zum Abtransport der reichlich erwarteten Beute. Am 11. Februar trat dieses Heer von zusammen etwa 12.000 Mann aus dem Raum Hademarschen zum Angriff auf Dithmarschen an.

Wie sah es auf Dithmarscher Seite aus? Im 16. Jahrhundert haben etwa 35.000 Menschen in Dithmarschen gelebt. Nach dem Dithmarscher Landrecht war jeder männliche Einwohner ab dem 14. Lebensjahr wehrpflichtig. Vom Wehrdienst befreit war erst der Greis, der nicht mehr ohne Stock zum Gottesdienst gehen konnte. So konnten die Dithmarscher etwa 6.000 bis 7.000 Mann unter Waffen aufbieten – in Ausrüstung und Bewaffnung den Invasoren ebenbürtig. Nur von nennenswerter Gegenwehr war keine Spur. Wiederholte sich hier die Taktik, das angreifende Heer weit in das eigene

Territorium hereinzulassen, oder war das die Folge eines eklatanten Fehlens eines militärischen Oberkommandos, eines Versagens der 48 Regenten? Nach der Besetzung des alten Hauptortes Meldorf wähnte sich die Fürstenmacht bereits im Besitz des ganzen Landes. Und über die Dithmarscher schreibt Neocorus: „De Dithmarschen averst legen in den Marschorden bieinander, wehren ehren Rades nicht einig."

Walter Lammers hat den Hergang rekonstruiert: Der König befahl für den 17. Februar 1500 den Abmarsch aus Meldorf in Richtung Norden, die Fürsten stellten sich jetzt keinen Feldzug mehr vor, sondern einen Demonstrationszug durch die besiegt erscheinende Republik. Zwischenzeitlich wirkte vor allem eine Figur in den Reihen der Dithmarscher: Wulf Isebrand entwickelte mit Durchsetzungskraft eine Verteidigungsstrategie. Zwischen Epenwöhrden und Hemmingstedt – der genaue Standort ist bis heute nicht gesichert bekannt – wurde eine Schanze aufgeworfen, die den Landweg nach Norden blockieren und so den Heerwurm zum Stocken bringen sollte. Schlechtes Wetter begünstigte die Verteidiger: Tauwetter hatte die Wege aufgeweicht, der Wind mit Schneeregen und Graupeln wehte den Soldaten von Nordwest scharf ins Gesicht. Links und rechts

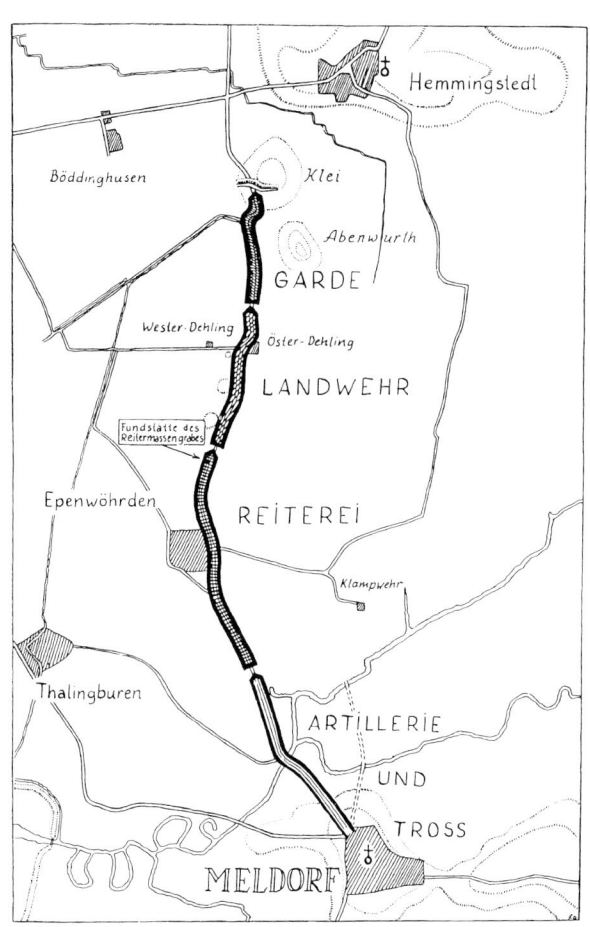

des Weges stieg der Wasserspiegel in den Gräben – die Dithmarschen nutzten den gestiegenen Wasserstand in der Nordsee und hatten die Deiche geöffnet.

Der Zug der Fürsten mit der „Schwarzen Garde" an der Spitze stand unerwartet vor einer Schanze, von der aus die Dithmarscher den Angriff wagten. Der Heerwurm war bewegungsunfähig, die Dithmarscher griffen ihn nun, ausgestattet mit Springstöcken, auch von den Flanken her an. Tausende Soldaten verloren in dem grausamen Gemetzel ihr Leben, das Heer der Invasoren musste sich geschlagen geben. Auch die berüchtigte „Schwarze Garde", der der drohende Schlachtruf „Wahr di Bur, de Gahr de kümt" zugesprochen wird, war besiegt. Die Dithmarscher erbeuteten im Siegestaumel Waffen und Pferde, Lebensmittel und Geld, Fahnen und Geschütze und kamen gar nicht auf den Gedanken, den flüchtenden Landsknechten und Adligen nachzujagen. Viele erschlagene Fußknechte sind noch auf dem Schlachtfeld begraben worden, viele Adlige blieben liegen, wie es heißt: „nackt und geplündert im Morast ..., ein Raub für Raben und Hunde."

Die Katastrophe des dänischen Königs und Herzogs von Schleswig und Holstein war total. Listig war sogar die „Schwarze Garde" besiegt worden. Die freien Dithmarscher Bauern hatten erneut einen Angriff des Adels abgewehrt, David hatte in der matschigen Marsch über Goliath gesiegt, diese Nachricht verbreitete sich in Windeseile. Waren die Dithmarscher schon vorher selbstbewusst, nach dem 17. Februar 1500 waren sie Helden. Diese große Zeit der Republik währte noch zwei Generationen, bis zur „Letzten Fehde" 1559.

Darstellung der Schlacht aus der Mitte des 16. Jahrhunderts.

Der Standort der Schanze bei Hemmingstedt ist bis heute nicht endgültig nachgewiesen.

Holzschnitt auf einem Deckblatt eines zeitgenössischen Liedes zur Schlacht: So wie dieser Landsknecht dürften die Dithmarscher 1500 ausgesehen haben.

Nur die Klosterkirche erinnert heute noch daran, dass Bordesholm im 16. Jahrhundert ein geistiges Zentrum im Land war.

Eine abgeschiedenere Lage ließ sich wohl kaum denken: Auf eine Insel, einen „Holm", im heutigen Bordesholmer See wurde das 1127 von Vicelin gegründete neue Kloster, das „Novum Monasterium", auf das die Stadt Neumünster Ursprung und Namen zurückführen kann, von der Schwale her verlegt. Das war um 1330. Die Mönche machten die Insel durch drei Dämme landfest und errichteten dort Kloster und Kirche, in die sie übrigens auch die Gebeine Vicelins überführten; deren Verbleib ist heute unbekannt. Auf diese Weise legten die Augustiner-Chorherren den Grundstock dafür, dass die abgelegene Siedlung in der Kultur und der Geschichte Schleswig-Holsteins eine herausragende Rolle gespielt hat. Heute lässt sich diese Bedeutung am stärksten in der Klosterkirche erahnen, die 1998 aufwändig restauriert worden ist. Wie in einem Fokus bündelt sich die einstige Wirkung Bordesholms in diesem Gebäude. Es wurde in drei Bauabschnitten von etwa 1330, 1462 und 1510 errichtet. Die Kirche war durch zwei Kreuzgänge mit dem parallel liegenden Kloster, dem heutigen Amtshaus, verbunden. Der kompakte, gotische Backsteinbau wird nur durch die Fenster und sparsame Wandstreifen gegliedert. Für diesen schlichten wie erhabenen Bau gab wohl der Gottorfer Herzog Friedrich I. bei dem aus der Lüneburger Heide stammenden Holzschnitzer Hans

Brüggemann einen Altar in Auftrag, der seines gleichen sucht. Der Aufsatz, das Retabel, ist aus Eichenholz geschnitzt, es ist 12,60 Meter hoch und 7,15 Meter breit. Viele Szenen, die durch fast 400 Figuren gebildet werden, sind nach dem Vorbild der Holzschnitte Albrecht Dürers entstanden. Friedrich I. hatte die Bordesholmer Klosterkirche für sich als Grablege vorgesehen und sorgte sich um die Ausstattung des Gotteshauses: Das kostbare Gestühl für die Chorherren war schon 1509 gearbeitet worden. Nach dem Tod der Herzogin Anna 1514 im Alter von nur 27 Jahren ließ der Fürst eine Bronzetumba, einen Grabüberbau, in spätgotischer Formensprache für seine Gemahlin und sich selbst errichten. Sein Grab blieb freilich leer, weil er späterhin König von Dänemark geworden war und als solcher im Schleswiger Dom seine letzte Ruhe finden sollte.

Bis 1566 hatte das Kloster bestanden, dann wurde es als Folge der Reformation eingezogen. Die Einkünfte aus den Klosterbesitzungen wurden für den Unterhalt einer Lateinschule verwendet. Diese Lateinschule war der Nukleus, aus dem die Kieler Universität entstanden ist: 1544 hatte der König von Dänemark die Herzogtümer Schleswig und Holstein mit seinen jüngeren Brüdern geteilt. Der dadurch entstandene Staat der Herzöge von Schleswig-Holstein-Gottorf bemühte sich über eineinhalb Jahrhunderte, Gottorf zu einem kulturellen Zentrum Norddeutschlands zu machen: die Schlossbauten in Gottorf, Reinbek, Husum und Tönning zeugen davon ebenso wie die Beschäftigung des Malers Jürgen Ovens oder des Hofgelehrten Adam Olearius. Diese Bemühungen gipfelten in dem Vorhaben, eine Universität zu gründen. Herzog Friedrich III. hatte sich dazu schon das kaiserliche Privileg geben lassen. Da aber nur Holstein und nicht Schleswig zum Heiligen Römischen Reich Deutscher Nation gehörte, konnte die Universität nicht in Schleswig angesiedelt werden. Sie sollte ihren Platz im ehemaligen Franziskanerkloster in Kiel finden. Die Bürger Kiels waren von diesem Vorhaben nicht sonderlich angetan. Sie fürchteten, dass die Studenten „mit Fressen, Sauffen und allerley leichtfertigem Wesen sehr ärgerlich seyn" könnten. Die Finanzierung der Universität sollte zunächst über die Einnahmen aus neu eingedeichten Kögen südlich von Husum stammen, aber diese schienen zu sturmflutgefährdet. 1665 endlich konnte die Universität durch den Herzog Christian Albrecht gegründet werden – nachdem die Bordesholmer Lateinschule aufgehoben wurde. Nun standen nicht nur finanzielle Mittel zur Verfügung, es wurden auch Professoren und Teile der bedeutenden Bibliothek an die Kieler Universität übernommen. Bis etwa 1810 sind Kieler Professoren in der Bordesholmer Klosterkirche beigesetzt worden. Her-

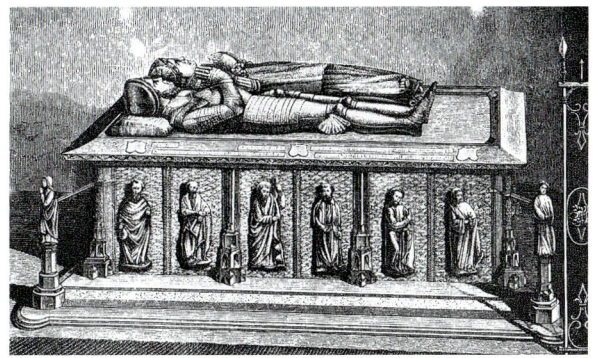

Herzogliche Bronzetumba mit den Liegefiguren von Friedrich I. und seiner ersten Gemahlin Anna von Brandenburg, 1514, in der Bordesholmer Kirche.

zog Christian Albrecht ließ den Bordesholmer Altar 1666 in den Schleswiger Dom bringen.

Auf die engen Beziehungen Schleswig-Holsteins zu Russland verweist die Bordesholmer Kirche insoweit, als hier in der „Russischen Kapelle", einem Rest des östlichen Kreuzganges, der Sarkophag von Herzog Carl Friedrich von Holstein-Gottorf (1700–1739) steht: Er war Vater des Zaren Peter III. und Schwiegervater von Katharina der Großen. An die „Russische Kapelle" angebaut ist die Saldern-Kapelle von 1768. Sie ist Grabstätte des Staatsmannes Caspar von Saldern (1711–1786), der auf Gut Schierensee lebte und durch einen von ihm vermittelten Gebietstausch Schleswig-Holstein für Dänemark sicherte und den russischen Einfluss rückgängig machte.

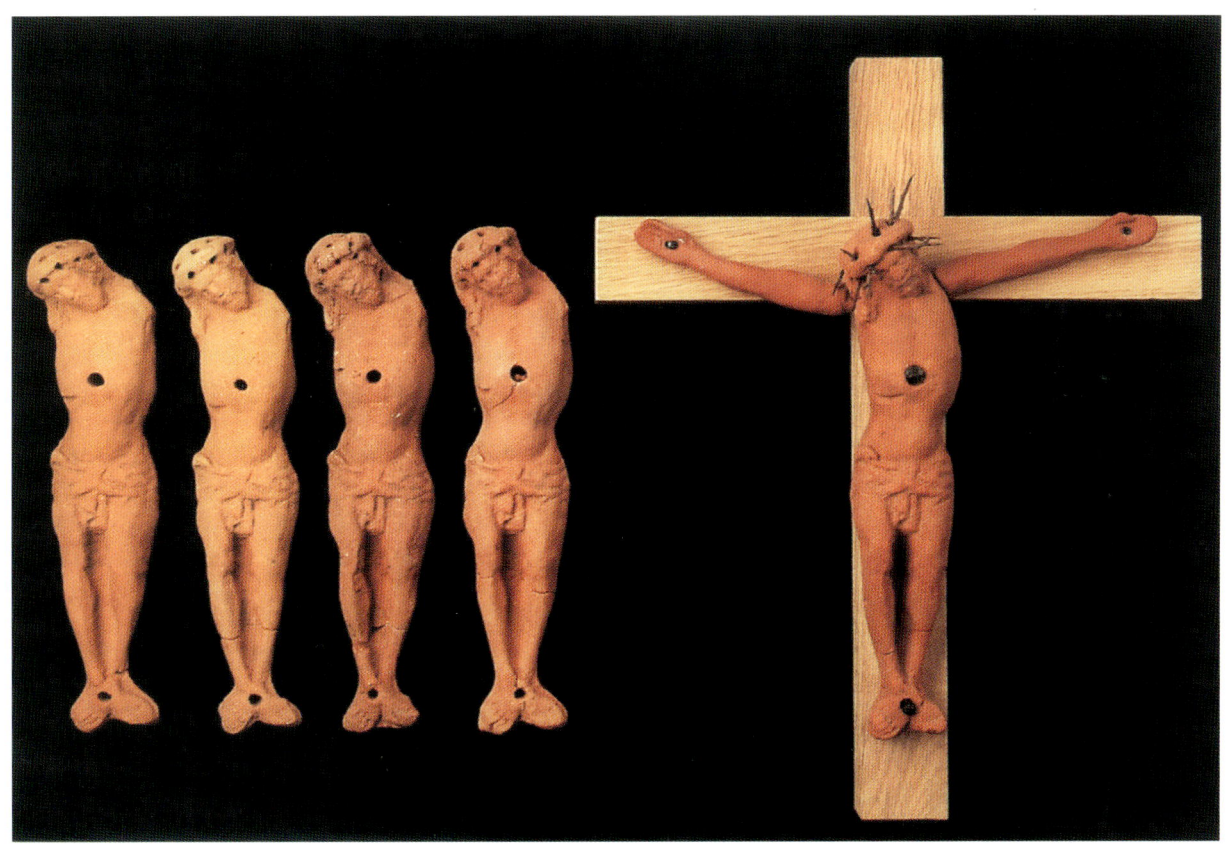

Christusfiguren aus dem Augustiner-Chorherrenstift Bordesholm. 15. Jahrhundert. Sie sind aus Ziegelton gefertigt und waren von den Gläubigen, die zum Grab Vicelins pilgerten, wie Souvenirs zu erwerben.

Der Schleswiger Dom St. Petri an der Schlei unterstreicht Schleswigs Bedeutung als Sitz des Bischofs.

Als Hans Brüggemanns Altar aus der Bordesholmer Klosterkirche nach Schleswig gebracht wurde, hatten die Herzöge von Schleswig-Holstein-Gottorf ihren kleinen Staat, der 1544 durch die Teilung des Landes zwischen dem dänischen König und seinen beiden Brüdern entstanden war, zu einem kulturellen Zentrum in Norddeutschland gemacht. Hauptresidenz der Herzöge war das Schloss Gottorf, auf dem nördlichen Ufer der Schlei gelegen.

Hier lag die Siedlung Sliaswich, die, so lassen Ausgrabungen vermuten, schon bestand, als Haithabu auf dem südlichen Ufer noch belebt war. Nach der Katastrophe in der Wikingerstadt im Jahre 1066 siedelten die Überlebenden wohl auf das nördliche Schleiufer um. Der neue Handelsort mit Siedlungen und Landungsbrücken wuchs und das alte Schleswig machte sich die Hoffnung, in der Nachfolge Haithabus zu einem Zentrum im Schnittpunkt zweier Handelswege zu wachsen. Dieser Wunsch sollte sich allerdings nicht vollständig erfüllen: Zwar hatten König und Bischof hier mit Königspfalz und Bischofskirche ihre Machtzentren, aber die Handelsströme hatten sich verlagert, Kräfte ver-

schoben sich, mit der Zeit wurden die Handelsschiffe für Schlei und Treene zu groß: Weiter im Süden wuchs ab dem 12. Jahrhundert mit Lübeck die wahre Nachfolgerin Haithabus heran. Schleswigs Bedeutung leitete sich vielmehr daraus ab, dass sich hier die weltliche und die geistliche Autorität etablierten, in Schloss und Dom fand dies baulich seinen Ausdruck.

Schon im Jahr 948 wird erstmals ein Bischof für Schleswig erwähnt, der freilich zunächst in der Vorgängersiedlung Haithabu und dann in Sliaswich residiert haben wird. Erstmals wird dann im Jahr 1134 die neue Bischofskirche erwähnt, Ursprung des heutigen Domes St. Petri. Der Bau des Gotteshauses wurde durch die Jahrhunderte fortgesetzt. Der weithin sichtbare, 112 Meter hohe Turm ist erst Ende des 19. Jahrhunderts errichtet worden. Hier im Dom findet sich heute das bedeutende, monumentale Renaissance-Grabmal für den dänischen König Friedrich I. (1471–1533). Er ist es, der den Schleswiger Dom mit der Bordesholmer Klosterkirche durch seine zwei Grabmale verbindet: In Bordesholm hatte er die Lateinschule besucht. Ort und Kirche sagten ihm dermaßen zu, dass er das Gotteshaus der

Augustiner-Chorherren – er war damals noch Herzog von Schleswig und Holstein – zu seiner Grablege bestimmte. Als im Jahre 1514 seine Ehefrau Anna von Brandenburg gestorben war, ließ er als Grabmal für seine Frau und für sich eine prächtige Bronzetumba fertigen. Sein Grab allerdings blieb leer, denn 1523 wurde er zum König von Dänemark gewählt und nach seinem Tod im Schleswiger Dom bestattet. Sein Sohn erfüllte dann den Wunsch des Vaters nach einem repräsentativen Grabmal und gab das Werk in Auftrag, das 1549 bis 1555 durch den Bildhauer Cornelis Floris aus Antwerpen geschaffen wurde. Die Schleswiger Bischofskirche wurde zur Residenzkirche des Gottorfer Herzogshauses – dies ist durch das monumentale Grabmal für König Friedrich I. von Dänemark und Norwegen, den Ahnherrn der Dynastie der Gottorfer, auf repräsentative Weise vor Augen gestellt.

Die Versuche der Gottorfer, ihre Bedeutung und ihre Einnahmen im Laufe der Zeit durch Landgewinnung, Ortsgründung und Handelsexpeditionen nach Moskau und Isfahan zu steigern, führten nur zu bescheidenen Erfolgen und blieben weit hinter den Erwartungen zurück. Zwar setzten die Gründung Friedrichstadts, der Ausbau der Festung Tönning, die Schlossbauten von Reinbek, Husum und Tönning im Land Akzente. Bedeutendes jedoch konnte auf dem Feld von Wissenschaft und Kunst erreicht werden: Vor allem Herzog Friedrich III. (1597–1659) und sein Sohn Herzog Christian Albrecht (1641–1694) setzten auf die Künste: Sie ermöglichten das Wirken von bedeutenden Künstlern

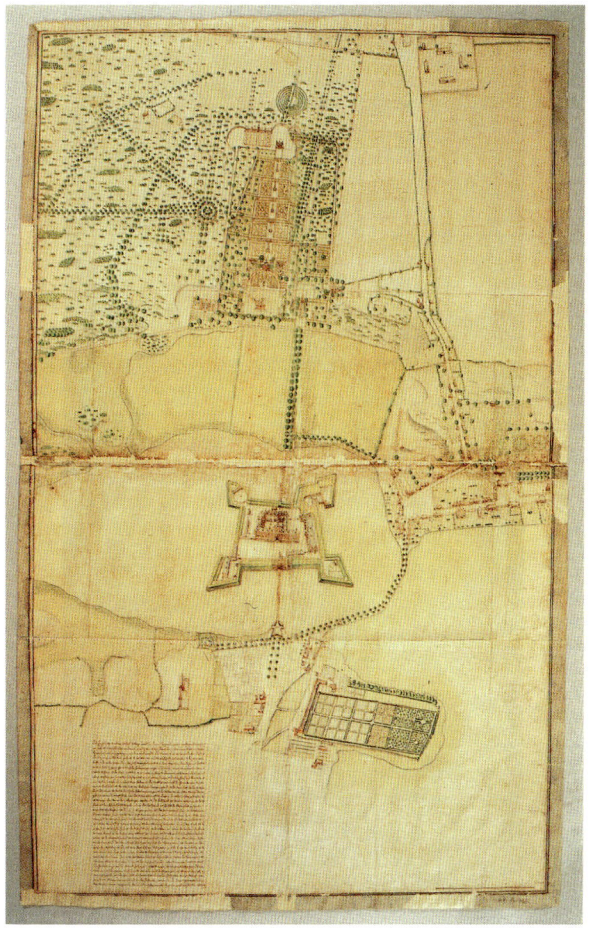

Plan von Schloss Gottorf mit Umgebung, 1707, von Rudolf Matthias Dallin (um 1670–1734).

am Gottorfer Hof, etwa des Maler Jürgen Ovens, des Komponisten Franz Tunder und des Gelehrten und Schriftstellers Adam Olearius.

Schließlich wurde Schloss Gottorf, das auf eine alte Burg zurückgeht, ab 1697 ausgebaut: Der große Südflügel mit 27 Fensterachsen, Turm und Hauptportal, so wie er sich heute zeigt, wurde 1703 fertig gestellt. Vorher schon hatten die Arbeiten zum ersten Barockgarten des Landes begonnen, dem „Neuen Werk" mit Herkulesbrunnen und einem Globushaus, in dem der „Gottorfer Globus" mit drei Metern Durchmesser – das von Olearius entworfene Wunderwerk – außen die damals bekannte Welt zeigte und innen wie ein Planetarium die Sternbilder abbildete. Christian Albrecht war es dann, der die Anstrengungen des kleinen Staates für Kunst und Wissenschaft arrondierte – freilich zu Lasten Bordesholms: die dortige Lateinschule wurde aufgegeben, um in Kiel eine Universität gründen zu können. Und der Bordesholmer Altar, das riesige Retabel von Hans Brüggemann, wurde 1666 in den Schleswiger Dom versetzt. Damit war die Hofkirche der Gottorfer mit einem weiteren Wunderwerk ausgestattet – dem anspruchsvollsten plastischen Bildwerk des Mittelalters im Land.

Der prächtige Altaraufsatz war von Hans Brüggemann für die Augustiner-Chorherrenkirche Bordesholm gefertigt worden. Das Aquarell von C. N. Schnittger aus dem Jahr 1882 zeigt das Retabel im Schleswiger Dom.

43

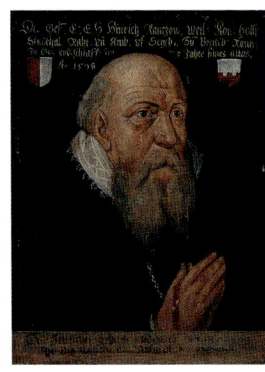

*Heinrich Rantzau.
Gemälde eines unbekann-
ten Künstlers.*

Heute liegt die Breitenburg an der Stör bei Itzehoe eher versteckt. Vor nahezu 500 Jahren war sie eines der Machtzentren im Land, Kristallisationspunkt für Adelsmacht, Wehrhaftigkeit und Gelehrsamkeit gleichermaßen.

Es war Feldmarschall Johann Rantzau (1492–1565), er hatte die knapp 18.000 Soldaten im Jahr 1559 gegen Dithmarschen angeführt und die Republik besiegt im Auftrag des dänischen Königs Friedrich und der Herzöge Adolf und Johann, der das Areal an der Stör von den Bordesholmer Mönchen erwarb und 1530 begann, sich dort einen Herrensitz aufzubauen. Zunächst musste er das Gelände gegen das Wasser der Stör schützen. Er ließ einen Deich aufschütten und umzog das Burggelände mit einem Graben und einem Wall. „Beides sollte", so Hjördis Jahnecke, „Schutz vor Angreifern gewähren. Der Wall wurde mit Grassoden belegt und mit Dorngebüsch, wie Brombeeren und Hundsrosen bepflanzt. Die Höhe des Walles betrug etwa zwanzig Meter und die Breite sechzehn Meter. Über den breiten Burggraben führte eine Zugbrücke, die bei Gefahr hochgezogen werden konnte. In der Mitte des Grabens wurden Palisaden eingerammt, die ein Durchschwimmen verhindern sollten." Um 1530 war die Breitenburg die zweitstärkste Festung des dänischen Reiches. Im Innern der Befestigungsanlage waren als Herrschaftssitz

zwei Parallelhäuser mit jeweils separatem Dach erbaut, der durch Palisaden geschützte Wirtschaftshof lag vor dem Burggraben. Johann Rantzau hatte als Königlicher Statthalter in den Herzogtümern beste Beziehungen zum Hof in Kopenhagen – der König vergrößerte den Rantzauschen Grundbesitz durch mehrere Schenkungen. Die Breitenburg war eine machtvolle Demonstration der Bedeutung des Feldherrn und Gutsbesitzers und sah schon nicht mehr aus wie ein Gutshaus, sondern wie ein Fürstensitz.

Johann Rantzaus Sohn Heinrich (1526–1598) erweiterte und bereicherte das Anwesen beträchtlich. Er hatte bereits als zwölfjähriger Junge in Wittenberg studiert, Martin Luther und Philipp Melanchthon kennen gelernt. Danach verbrachte er Jahre am Hof Kaiser Karls V. und lernte das diplomatische Geschäft. Nach Norddeutschland zurückgekehrt, heiratete er eine reiche Tochter aus niedersächsischem Adelshaus und trat in die Dienste des Königs: 1555 wurde er Amtmann von Segeberg und hatte seinen Dienstsitz in der Siegeburg auf dem so genannten Kalkberg. Ein Jahr später dann wurde er gleichzeitig Königlicher Statthalter in den Herzogtümern und sollte dies mehr als vierzig Jahre bleiben. Drei dänischen Königen diente er, höhere Ämter als er konnte kein Adliger in Schleswig-Holstein erreichen. Er verlieh Geld, wie die berühmten Fugger in

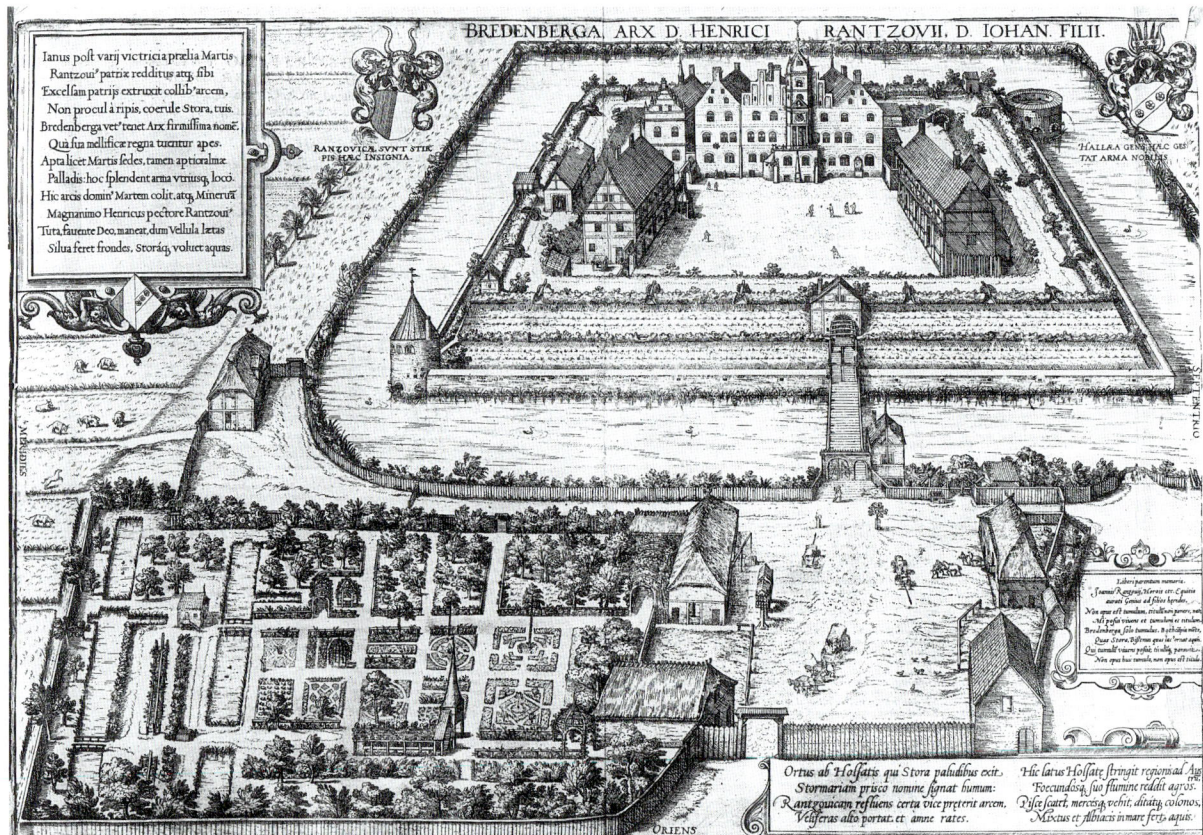

*Ansicht der Breitenburg
von Osten. Kupferstich von
Franz Hogenberg aus dem
Jahr 1590.*

*Heinrich Rantzaus Haupt-
wohnsitz war die Breiten-
burg bei Itzehoe. Heute ist
sie, nach baulichen Über-
formungen in einem Land-
schaftspark gelegen, ein
Garten- und Architektur-
kunstwerk.*

Augsburg, etwa an den dänischen König, an die Königin
von England, an die Stadt Antwerpen, und war, so Dieter Lohmeier, der „eigentliche Regent der Herzogtümer". Aber ganz anders als sein Vater, der ein Mann des
Krieges war, mehrte Heinrich Rantzau seinen Reichtum
durch Heirat, Geldgeschäfte, Ämter und Erbschaft und
er gründete seinen Ruhm und seinen Nachruhm auf die
Künste und die Wissenschaft.

Wenn Heinrich Rantzau im Laufe der Zeit auch ein
gutes Dutzend Güter sein eigen nennen konnte, so betrachtete er die Breitenburg doch als seinen Hauptsitz.
In den folgenden Jahrhunderten ist sie baulich vielfach
überformt worden, der Dreißigjährige Krieg hatte auch
hier Zerstörungen gebracht. Heute zeugen vor allem
noch die Kapelle und eine kunstvoll geschmiedete
Brunnenhaube von der ursprünglichen Pracht alter
Zeit. Heinrich Rantzau hatte seinerzeit das Doppel-
haus zu einem Vierhaus verdoppeln lassen, die Kapelle
kam noch dazu. Er selbst war den Künsten als Literat
und als Mäzen zugetan. Wie der Umbau der Breitenburg, so standen auch die kulturellen Aktivitäten Rant-

zaus im Zeichen des Humanismus, orientierten sich
am Vorbild der Antike: Er ließ Pyramiden und Obelis-
ken als Denkmäler aufstellen, korrespondierte mit Gelehrten seiner Zeit lateinisch, initiierte Lobgesänge auf
seine Familie, verfasste selbst eine Landesbeschreibung Schleswig-Holsteins und eine Darstellung der
Heldentaten seines Vaters bei der Eroberung Dithmarschens 1559. Und er förderte künstlerische und wis-
senschaftliche Talente, wie etwa den aus Dithmarschen stammenden Schweinehirten Nicolaus Reimers
(1551–1600), der sich autodidaktisch bildete und zum
kaiserlichen Mathematiker am Hofe Rudolfs II. in
Prag aufstieg.

Johann und Heinrich Rantzau, Vater und Sohn, Vertreter des schleswig-holsteinischen Uradels, gaben dem
16. Jahrhundert in Schleswig-Holstein ihren Namen.
Das „Rantzausche Zeitalter" war eine Zeit, in der die
Ritterschaft im Land selbstbewusst regierte und ein
blühendes, goldenes Zeitalter erlebte. Die regionalen
politischen und geistigen Kraftlinien der Zeit liefen auf
der Breitenburg zusammen.

Mensing vermutet, dass der Name Roland „rotes Land", also blutgetränkte Erde bedeutet. Im Laufe der Zeit wurde die Bildsäule zum Zeichen der Marktgerechtigkeit: In ihrem Schatten lassen sich in aller Fairness Geschäfte abwickeln. Die Wedeler Holzfigur ist 1651 ersetzt worden durch eine Sandsteinfigur von archaischer Imposanz. Umstritten ist bislang, ob die Rolandsfigur mit Schwert, Krone und Reichsapfel Karl den Großen darstellen soll. Das Standbild beschirmte hier Jahrhunderte lang vor allem den Viehhandel. Der Fährort Wedel war der südlichste Punkt des jütländischen Wegesystems, das als „Ochsenweg" bekannt wurde, nördlich der Elbe. Zugleich war es der Platz, an dem sich der weiter nach Süden führende Ochsenweg gabelte: An zwei Stellen wurden die Tiere über die Elbe gebracht, um über Stade und über Buxtehude weiter nach Süden geführt zu werden. Am Niederrhein stieg der Lebensmittelbedarf seit dem 15. Jahrhundert stetig, die Gutsbesitzer, vor allem in Dänemark, betrieben Ochsenmast im großen Stil. Die ersten Jahre wuchsen die Tiere auf der Weide auf, gemästet wurden sie dann über Winter in den Stallungen der Güter. Von dort wurden sie an Viehhändler verkauft, die sie im März und April, wenn sie sie nicht über die Nordsee verschifften, nach Süden trieben. Im Landesteil Schleswig gab es dafür zwei Routen, eine von Ripen über Tondern und Leck nach Husum und von dort nach Kropp. Dort traf der Weg auf die zweite Route, die von Hadersleben über Flensburg und Schleswig führte. Zwischendurch weideten die vom Treiben geschwächten Tiere. Südlich von Rendsburg gabelte sich der Weg in eine Route über Itzehoe und eine über Bramstedt.

In Wedel wurden die Tiere vor allem im Herbst nach Hamburg und in die niederländischen Städte verkauft: Zum Augenzeugen wird abermals ein Dichter aufgerufen, Johann Rist, 1607 in Ottensen geboren und seit 1635 Pastor in Wedel, „woselbst jährlich ein sehr großer Handel zwischen den Denischen und Niederländischen

Der Roland in Wedel ist ein Zeichen der Marktgerechtigkeit.

Verschiffung von Schlachtochsen nach England. Zeichnung 1868.

„Als Seespeck spät am Tage aus seinem Fenster sah, fand er sich Auge in Auge mit der Rolandsfigur, die in vollem Sonnenlichte stand", heißt es in dem autobiographisch grundierten Roman „Seespeck" des Bildhauers und Dramatikers Ernst Barlach, der 1870 in Wedel geboren wurde. Seit 1558 markiert die Rolandsfigur mit dem Schwert in Wedel den Ort der Gerichtsstätte. Otto

Teilstück des Ochsenweges im heutigen Kreis Stein-burg zwischen Hadenfeld und Breitenfelde, um 1920.

KauffLeuten mit Ochsen wird getrieben, und kann kein Kauff welcher bey dem allhie auff dem Marckt stehenden steinernen Bilde, der Roland sonst genand, geschlossen von jennigen wiedruffen werden. Mein Wedel zeuget selbst, dass offt auff gutes Glück Hier übers Wasser gehen bey dreissig tausend Stück." Im 16. Jahrhundert sollen bis zu 50.000 Tiere pro Jahr verkauft worden sein. Rund 80 Prozent der Zolleinnahmen auf Gottorf sind durch den Ochsen-Transit erwirtschaftet worden.

Der Ochsenweg war jedoch nicht nur Transportweg, sondern zentrale Verkehrsader in Schleswig-Holstein schlechthin, die Nordeuropa mit Mitteleuropa verband. Wissenschaftler sprechen davon, dass seine Wurzeln bis in die Bronzezeit zurückgehen. Seine Route nutzen auch Pilger und seit dem 16. Jahrhundert auch Postlinien. Dabei wird das Reisen auf den Trassen alles andere als ein Vergnügen gewesen sein, denn die Wege waren unbefestigt, sandig und im Sommer staubig. Im Winter dagegen matschig und grundlos. In Dänemark wird der Weg nicht Ochsen- sondern Heerweg genannt und vor allem während des Dreißigjährigen Krieges wurde die Trasse des Ochsenweges für militärische Bewegungen benutzt.

Allerdings weist die dänische Bezeichnung Hærve-jen darauf hin, dass die Wegstrecken nicht in Privateigentum standen: Der Ochsenweg war ein „Herren-weg", der Weg des Königs. Vom „Ochsenweg" ist in Holstein erstmals 1588 die Rede.

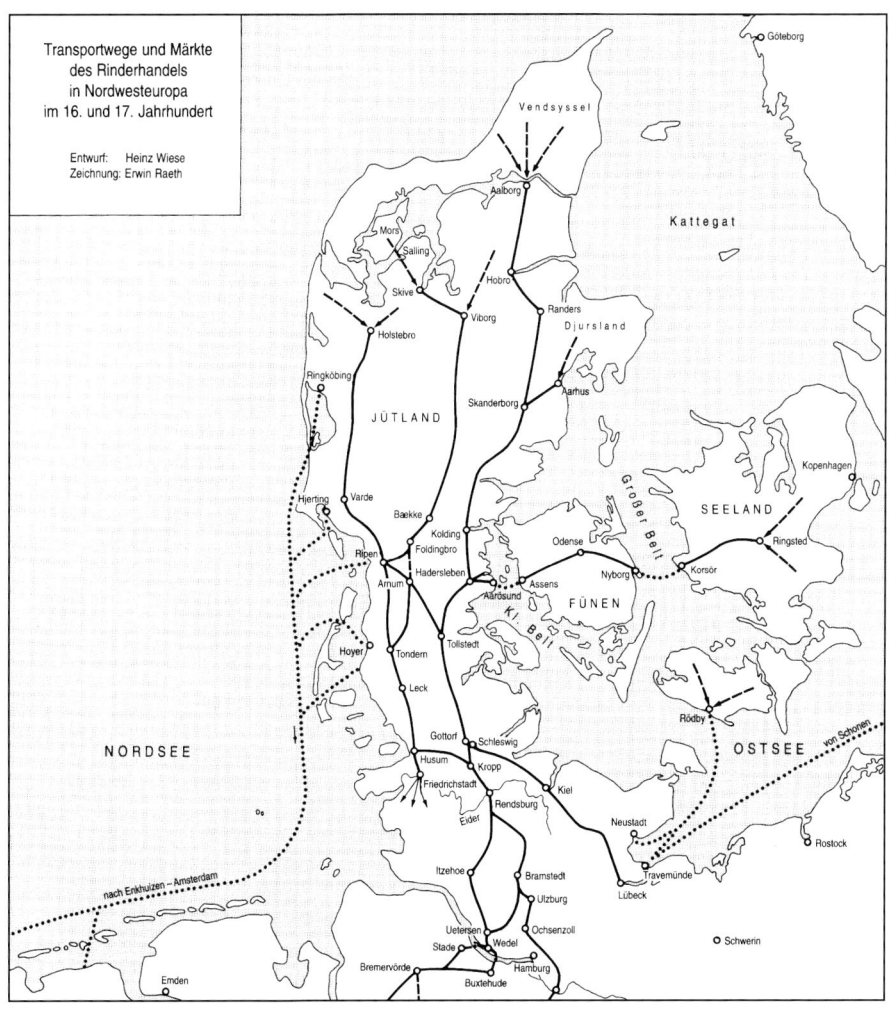

*Die Luftaufnahme Glück-
stadts zeigt noch heute die
Straßenstruktur der alten
Festung, wie sie in dem
Kupferstich von Johannes
Mejer, 1651, festgehalten
ist.*

Wo die topographischen Bedingungen stimmen und
weit über die Region hinausweisende Handelswege verlaufen oder sich gar kreuzen, lässt es sich gut siedeln: In
Haithabu etwa, wo Nord-Süd- und Ost-West-Handels-
wege sich kreuzten, in Rendsburg, wo sich eine vergleichbare Situation ergab, in Wedel, wo sich ein Ort als
Markt- und Fährort entwickeln konnte. In Heide war der
politische Wille ausschlaggebend für die Gründung
eines Ortes, freilich an einer Stelle, an der sich gleich-
falls Wege kreuzten in einer Landschaft, die nach einem
neuen Zentrum geradezu suchte. In Glückstadt dagegen
verhält sich die Sache anders: Auch Glückstadt ist eine
Stadtgründung aus einem politischen Impuls heraus,
einem ehrgeizigen noch dazu: Der dänische König
wollte eine neue Stadt und er wollte sie in einem bestimmten Raum in Konkurrenz zu Hamburg. Wobei die

*Glückstadt wurde an der
Elbe gegründet, um dem
Hamburger Hafen Kon-
kurrenz zu machen.*

Bedingungen des Siedlungsraumes nicht nur Vorteile
bereithielten:

Christian IV. hatte im äußersten Süden des königlichen Anteils Holsteins die Mündung des Rhins in die
Elbe, in einer „wilden" Gegend gelegen, auserkoren,
um dort eine Stadt zu gründen, die in das weitere Norddeutschland ausstrahlen sollte. Hamburg sollte als zentraler Hafen und Handelsplatz ausgeschaltet werden
und die dänische Flotte einen westlichen Hafenstütz-
punkt erhalten. Hier aber, an den Ufern der Elbe, war der
Untergrund weich, es gab stets eine latente Sturmflutge-
fahr, das Land lag tief und namhafte, traditionsreiche
Landhandelswege gingen an der Region vorbei. Der kö-
nigliche Gründer war allerdings Optimist, er wendete
die Nachteile ins Positive. Da, wo der Rhin in die Elbe
mündete, konnte ein Hafen gebaut werden. Aufzuwer-
fende Deiche würden nicht nur Fluten abwehren, sondern auch gegnerische Heere. Und das Wasser der Elbe
sollte die Schifffahrt befördern und die Festungsgräben
mit Wasser füllen. Durch Eindeichungen wie die der
„Wildnis" von 1615 ließe sich das Hinterland eines Ortes vergrößern.

Im Jahr 1617 gründete der König seine Stadt, die
er ganz programmatisch Glückstadt nannte und der er
die Glücksgöttin Fortuna in das Stadtwappen setzte.
Die Grundstruktur der Stadt bildet ein Sechseck, im
Mittelpunkt des Ortes und der Festung platzierten
die Pläne den Parade- und Marktplatz, auf den die
Straßen des Ortes speichenartig zulaufen. Sehenswert
sind vor allem die Kirche, die als erstes protestan-
tisches Gotteshaus im Lande errichtet wurde, – andern-
orts zogen die Protestanten in ehemals katholische
Gotteshäuser ein – und das Rathaus, 1642 im Stil der
niederländischen Spätrenaissance erbaut. Es musste
1872 abgebrochen werden und erstand im Wesentlichen unverändert neu.

Wie schon zuvor in Altona, so sollte sich auch hier
die Ansiedlung von Glaubensverfolgten durchaus wirt-
schaftlich auswirken. In Glückstadt durften sich ab

Am Markt dominiert das Rathaus mit repräsentativer Freitreppe, das 1872 abgebrochen werden musste und nahezu unverändert im Stil der niederländischen Renaissance wieder aufgebaut wurde.

1619 Reformierte, Remonstranten, Mennoniten und Katholiken ausdrücklich eingeladen fühlen. Einen besonderen Akzent setzte die sephardische Einwanderung nach Glückstadt: „Sephardim" wurden die Nachkommen der spanischen und portugiesischen Juden genannt, die wegen Verfolgung in und Ausweisung aus Spanien 1492 und nach den Zwangstaufen 1497 in Portugal die iberische Halbinsel verließen. Einige wohlhabende sephardische Familien ließen sich aus Hamburg, Amsterdam, Frankreich, Portugal und Spanien anwerben, kamen nach Glückstadt und erwarben hier Bürgerrechte. Von hier aus ergaben sich nun weitreichende familiäre Beziehungen, die ebenso weitreichenden Handelsbeziehungen förderlich waren. Die Portugiesen betrieben eine Reederei, eine Ölmühle, eine Seifenfabrik,

hatten das Münzprivileg inne, unterhielten eine Zuckerraffinerie in der Zeit, als Handelsbeziehungen mit Westindien bestanden. Um 1650 sollen knapp 30 sephardische Haushalte in Glückstadt gelebt haben.

„Geht es glücklich so fort", so soll Christian IV. gesagt haben, „so wird Glückstadt eine Stadt und Hamburg ein Dorf." Aber es ist anders gekommen, geografische und ökonomische Gesetzmäßigkeiten unterwerfen sich königlichem Willen nicht. Der Warenstrom von und nach Hamburg ließ sich nicht nachhaltig teilen, der wirtschaftliche Sog Hamburgs nicht relativieren, Glückstadt hatte 1625 mehrfach unter heftigen Sturmfluten zu leiden. Der Dreißigjährige Krieg führte 1628 zu einer Belagerung, da sich die Festung nicht einnehmen ließ. Es gab Streit mit Hamburg wegen der Elbzölle, die Dänemark von vorbeisegelnden Schiffen erheben ließ. Einige Portugiesen zogen nach Hamburg, wo die Geschäfte besser liefen und der Krieg nicht so unmittelbar zu spüren war wie in einer kleinen Festungsstadt. Der Hafen begann mehr und mehr zu versanden, Hoffnungen, die auf einen beginnenden Walfang gesetzt wurden, erfüllten sich nicht. Und geradezu symbolhaft: Das Schloss, die „Glücksburg", musste 1705 abgebrochen werden; die Gründung war für diesen weichen Untergrund nicht ausreichend. So ist hier keine maßgebliche Handelsstadt entstanden – und Hamburg ist eine Stadt geworden, wie sie sich Christian IV. wohl nicht hat vorstellen können.

Erhaltene Grabsteine zeugen davon, dass sich in Glückstadt jüdische Glaubensflüchtlinge niederließen, deren Vorfahren 1492 aus Spanien ausgewiesen wurden.

Treppengiebelhäuser am Mittelburgwall lassen Friedrichstadt holländisch wirken.

Was dem einen recht war, schien dem anderen billig zu sein: Um der stetig aufstrebenden Hansestadt Hamburg mit ihren Handelsbeziehungen vor allem zu Spanien und in die Niederlande zumindest etwas Wasser abzugraben und Elbzölle einnehmen zu können, gründete der dänische König Christian IV. Glückstadt an der Elbe, das allerdings die Hoffnungen, die er in sein Vorhaben setzte, nicht erfüllte. Ähnlich erging es dem Herzog von Schleswig-Holstein-Gottorf Friedrich III. Auch er wollte die Waren- und damit die Geldströme im Norden so verändern, dass sein Herzogtum davon gut hätte: Der Gottorfer wählte dafür den Ort, an dem 1570 schon die Treene abgedämmt wurde, um die östlichen Teile Eiderstedts vor Überschwemmungen zu schützen: Durch zwei Sielzüge wurde das Treene-Wasser in die Eider geleitet, die Flur zwischen beiden Sielzügen wurde Seebüll genannt. Auf dieser höher liegenden Fläche wollte Friedrich III. seinen Plan verwirklichen, indem er Leute zur Hilfe rief, die Erfahrungen im Seehandel ebenso besaßen wie im Leben an der Küste. Er suchte seine Siedler in den Niederlanden. Dabei kam Friedrich III. zugute, dass es in den Niederlanden religiöse Spannungen gab: zwischen Katholiken und Calvinisten wie auch un-

ter den Calvinisten. Der Gottorfer Herzog erteilte also den Remonstranten, die sich von der reformierten Kirche der Niederlande abgetrennt hatten, das Privileg, auf dem Seebüll eine Stadt zu gründen, die seinen Namen tragen sollte und in der sie unbeeinträchtigt ihre Religion ausüben konnten. Unumstritten waren diese Pläne nicht: Tönning fürchtete Konkurrenz und Friedrichs Mutter, die Herzogin Augusta, war skeptisch, was die Unterstützung fremder Religionsgemeinschaften anging.

Gleichwohl konnte im September 1621 der Grundstein für das erste Gebäude in Friedrichstadt gelegt werden. Über die Eider und den Ostersielzug war ein Nordseezugang für einen Hafen sichergestellt. Die Holländer gingen daran, einen Ort zu errichten, der nach Grundriss und Bebauung mit rechtwinkliger Straßenführung wie eine holländische Stadt aussah. Noch heute ist der Marktplatz durch eine Gracht, den Mittelburggraben, mit den Sielzügen verbunden. Eine zweite, vom Markt zur Treene fließende Gracht ist zwischenzeitlich zugeschüttet worden, an ihrer Stelle verläuft heute die Straße „Stadtfeld".

Allerdings wollten sich die in das Siedlungsvorhaben

gesetzten wirtschaftlichen Hoffnungen nicht recht erfüllen: Der Dreißigjährige Krieg verwüstete Europa und hemmte jede Entwicklung. In den Niederlanden entspannte sich die innenpolitische Lage und Remonstranten wurden in ihrer Religionsausübung nicht weiter behindert. Das bewog manche Siedler, in die Niederlande zurückzukehren. Und aufgrund der politischen Spannungen zwischen Spanien und den Niederlanden – die sieben nördlichen Provinzen der Niederlande hatten sich Ende des 16. Jahrhunderts von Spanien losgesagt – kam ein einträglicher Seehandel mit Spanien, das vor allem über Hamburg Getreide importierte und retour Salz lieferte, mit Friedrichstadt nicht in Gang. „Die Gottorfer Regierung", so Dieter Lohmeier, „unternahm allerhand Versuche, sich mit Spanien darüber zu verständigen,

dass die Niederländer, die sich in Friedrichstadt niederließen, keine Niederländer mehr seien, sondern Untertanen des Herzogs von Schleswig-Holstein-Gottorf und dass sie deswegen nicht als Feinde oder abtrünnige Spanier zu behandeln seien." Ohne Erfolg.

Der Ruf Friedrichstadts als religiöse Freistatt drang weit über die Landesgrenzen hinaus und hier siedelten in Zeiten religiös angefeuerter Kriege neben den Remonstranten bald auch Lutheraner, Quäker, Mennoniten, Katholiken und Juden. Als allerdings so genannte Socinianer, Angehörige einer von Faustus Socinus in der Schweiz begründeten Religionsgemeinschaft, ihr Heil in Friedrichstadt suchen wollten, mussten sie 1683 auf Anordnung des Gottorfer Herzogs Christian Albrecht den Ort wieder räumen.

Plan und Ansicht von Friedrichstadt und Umgebung. Kolorierter Kupferstich, um 1735. Gut zu erkennen die abgetrennte Treene, die durch Sielzüge in die Eider entwässert wird.

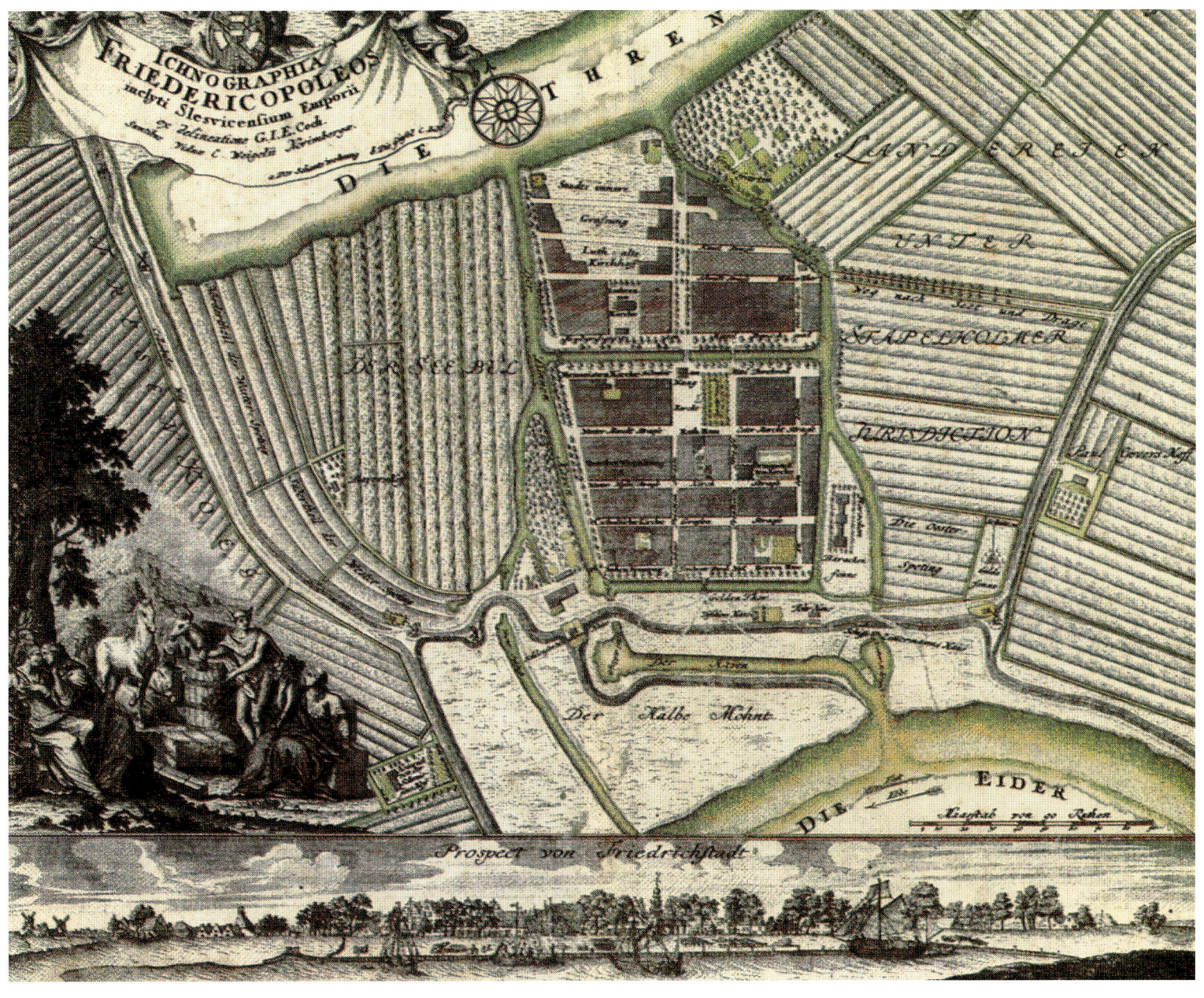

Auf einem Plateau gelegen, öffnet sich die dreiflügelige Schlossanlage Plön zum Großen Plöner See.

Seit der Wahl von Ripen stellte das Haus der Oldenburger nicht nur den König von Dänemark, sondern auch den Landesherrn von Schleswig und Holstein. Dort hatte es geheißen, dass beide Teile von einem gemeinsamen Landesherrn regiert werden sollten. Allerdings kam es zu Landesteilungen, weil der König die Herzogtümer mit seinen jüngeren Brüdern in der Weise teilte, dass jeder von ihnen einen möglichst gleich großen Besitz beiderseits der Eider hatte. Der Anteil des Königs in Schleswig und Holstein wiederum wurde 1564 geteilt, weil der Amtsinhaber Friedrich II. (1534–1588) seinen Bruder Johann den Jüngeren (1545–1622) bedenken musste. Da die Stände sich weigerten, Johann den Jüngeren als regierenden Landesherrn anzuerkennen,

konnte er die Herzogtümer nicht mitregieren. Sein Einfluss blieb auf seinen Teil des Landes beschränkt, er war ein so genannter „abgeteilter Herr". Nach seinem Tod 1622 entstanden durch Erbteilung weitere winzige Staaten der Herzöge von Sonderburg und Norburg auf Alsen, der Herzöge von Aerö, Glücksburg und Plön.

Das Zentrum eines dieser Mini-Herzogtümer, Schleswig-Holstein-Sonderburg-Plön, entstand in einer Gegend, in der schon im 10. Jahrhundert eine befestigte slawische Burganlage namens „Plune" gestanden hatte. Sie lag auf einer Insel im Großen Plöner See, mitten in einem wahren Seengebiet. Nach der Zerstörung und dem Wiederaufbau im Jahr 1158 machte der Schauenburger Graf Adolf II. die Burg zum Ausgangspunkt der

Kolonisation der ehemals slawischen Gebiete östlich des „Limes Saxoniae". Im Jahr 1173 wurde die Burganlage auf einen Endmoränenhügel verlegt, der „Bischofsberg" genannt wurde. Für rund 100 Jahre war sie bis 1390 Sitz der Schauenburger, die der Siedlung Plön 1239 lübisches Stadtrecht verliehen. In der Folgezeit verloren Burg und Siedlung ihre Bedeutung.

Im 17. Jahrhundert sollte nun die Glanzzeit des Schlosses abseits der Zentren anbrechen. Der jüngste Sohn Johanns des Jüngeren, Joachim Ernst (1595–1671), erhielt 1622 Plön und wählte den Berg zwischen den Seen zum Standort seiner Residenz. Dafür wurde nach der Heirat des Herzogs 1633, mitten im Dreißigjährigen Krieg, mit der Gottorfer Prinzessin Dorothea Augusta die Burg abgebrochen und ein neues Schloss gebaut – als letzter bedeutender Schlossbau in Deutschland und als erster, der in seiner Gestalt ganz bewusst auf die Topografie, auf die Landschaft bezogen wurde, in der er stehen sollte: Der Hügel, auf dem der Bau steht, wurde zu einem Plateau planiert. Hier muss man wirklich zum Schloss „hinauf". Die dreiflügelige Anlage öffnet sich nach Süden zum Plöner See hin. Ursprünglich waren die Wände backsteinrot geschlämmt, das Dach deckten ebenfalls rote Ziegel. Das Schloss thront nicht nur über der kleinen Stadt Plön, sondern ist, topografisch erhaben, ein Sichtpunkt in der Landschaft. Es gibt keinen Schlossbau im Land, der sich so mächtig und elegant über seine Umgebung erhebt – und das ausschließlich aus Gründen der Ästhetik. Die einzige vergleichbare Anlage, die alte Siegeburg auf dem Gipsberg in Segeberg, sollte ja vor allem als Festung dienen.

Das Schloss blieb bis zum Tod des letzten Plöner Herzogs Friedrich Carl im Jahr 1761 Residenz. Er war es, der das Schloss im Innern im Stil des Rokoko überformen, Marstall und Reithaus sowie ein Rokoko-Gartenschlösschen errichten ließ. Herzogtum, Schlossgebäude und -gelände und der prächtige Garten fielen 1761 vertragsgemäß an den dänischen König. Das Schloss war nun Witwensitz und ab 1833 Sommersitz

Aus der Vogelschau gesehen: Der Plöner Garten und das herzogliche Schloss in einem Kupferstich von Christian Friedrich Fritzsch, 1749.

des dänischen Königs Friedrich VIII. Damals wurde es nochmals umgebaut und veränderte seine äußerliche Erscheinung: Das Dach wurde mit dunklem Schiefer gedeckt, die Laternen auf dem Dach mit Kupfer eingefasst und das Mauerwerk leuchtend weiß gestrichen.

Mit der Annexion Holsteins durch die Preußen 1866 endete die fürstliche Geschichte des Schlosses Plön. Die Inneneinrichtung gelangte zu einem kleinen Teil in das Schloss Gottorf, der größere Teil des Inventars kam in das Schloss Kiel, wo es nach einem Bombenangriff 1942 verbrannte.

Die Erinnerung an die Residenzzeit wurde in der Vergangenheit dadurch überlagert, dass das Schloss Plön in wilhelminischer Zeit eine Kadettenanstalt beherbergte und im Gartenschlösschen, dem „Prinzenhaus", die Söhne Kaiser Wilhelms II. erzogen wurden. In nationalsozialistischer Zeit war das Schloss Gehäuse für eine „Nationalpolitische Erziehungsanstalt", nach dem Krieg fand hier ein staatliches Internat sein Quartier. Erst Ende des 20. Jahrhunderts wurde wieder öffentlich über die kulturelle Substanz und die historische Bedeutung des gesamten Schlossgeländes in Plön diskutiert. Am Ende war es mit Günther Fielmann ein Privatmann, der das Schloss erwarb, Bausünden und jahrzehntelange durch die öffentliche Hand unterlassene Bauunterhaltung ausbesserte und das Schloss abseits der Zentren im Land wieder zu einem leuchtenden Kunstwerk machte. Zeichen für eine Zeitenwende?

Sophie Gräfin Reventlow hebt in ihrer Zeichnung von 1819 die exponierte Lage des Schlosses besonders hervor.

Das barocke Haupttor in der Front des Mitteltraktes des Niederen Arsenals. Hohes und Niederes Arsenal waren die Waffenlager der Rendsburger Festung.

Das Neuwerker Tor in Rendsburg vor dem Abbruch 1881.

Im Rendsburger Stadtplan fällt etwas auf, was auf den ersten Blick an das Erkennungszeichen der mittelalterlichen Stadt Siena in der Toskana erinnert: Mitten im Stadtgefüge zeichnet sich ein muschelförmiger Platz ab. In Siena ist die Piazza del Campo seit Jahrhunderten der Mittelpunkt des öffentlichen Lebens der Stadt, im Halbkreis eingefasst durch gotische Ziegelpaläste mit Zinnen und Türmen. Der Platz in Rendsburg freilich ist viel jüngeren Datums, auch war er nicht als urbaner Mittelpunkt geplant, sondern, sein Name sagt es bis heute, als Paradeplatz. Just als in Siena der dominante Palazzo Pubblico, auf den die Pflasterstruktur des Platzes radial zuläuft, im 13. Jahrhundert entstand, keimte auf einer Eiderinsel die Stadt Rendsburg als Reinoldesburg an der Stelle einer noch früheren Burganlage. Der Ort, zentral gelegen in der Mitte zwischen Kiel, Eckernförde, Schleswig, Husum und Neumünster, wurde bald zu einem bedeutenden Handelsplatz. Im 16. Jahrhundert wurde der Plan entwickelt, das dänische Reichsgebiet nach Süden abzusichern, für das Gefahr insbesondere von den Schweden ausging, mit denen die Dänen sich nicht vertrugen und die seinerzeit vor allem Vorpommern in Besitz hatten. Dabei sollte Rendsburg, neben Friedrichsort bei Kiel, eine besondere Bedeutung beikommen; „der Ausbau zur stärksten Festung in den Herzogtümern war ein Wendepunkt in der Geschichte Rendsburg" schrieb Edward Hoop. Außerhalb der Altstadt wurde eine Festung errichtet, die im dänischen Gesamtstaat nur noch von Kopenhagen übertroffen wurde. Deren südlicher Teil ist bis heute als Stadtteil Neuwerk erhalten geblieben.

Nach einem ersten Ausbau in den Jahren 1669 bis 1673 nach den Entwürfen des Holländers Henrik Ruse wurden bald kritische Stimmen laut. Ruses Konzept galt als überholt, insbesondere weil seine Befestigungen weitgehend aus Erdwerken bestanden und die Altstadt ungeschützt ließen. Ab 1690 wurde mit gewaltigen Anstrengungen begonnen, die Planungen des ebenfalls aus Holland stammenden Jobst von Scholten zu realisieren. Er sah nördlich und südlich der Altstadtinsel an den jeweiligen Ufern der Eider halbkreisförmige, ausgreifende Befestigungsanlagen vor. Im Norden entstand das Kronwerk – sein Grundriss sah wie eine Krone aus – im Süden das Neuwerk, das so groß wurde, dass ein ganzer Stadtteil hineinpasste. Mittelpunkt dieses Stadtteils wurde keine Kirche, kein Hauptquartier, sondern ein Platz, auf den sich dann auch die Bebauung stadträumlich bezog.

Die Straßen führen fächerartig zu den ehemaligen Bastionen der Festung, sie sind nach der Sitzordnung an der königlichen Tafel benannt. Untereinander sind diese radial geführten Straßen durch zwei Straßenzüge miteinander verbunden. So entstanden trapezförmige Baublöcke. Die platzumgebende Bebauung erhielt ihr Gesicht im Wesentlichen durch den aus Italien stammenden Festungsbaumeister Domenico Pelli, der die prägenden Bauten schuf: Das Hohe Arsenal, das Provianthaus, die Kommandantur, die Hauptwache, das Weinhaus, die Christkirche, deren Bau er vollendete. Den palaisartigen Pelli-Hof am Jungfernstieg errichtete er als eigenes Wohnhaus.

Die gepflasterten Oberflächen von Straßen und Plätzen lassen sich lesen wie eine Blindenschrift: Nutzung und Abnutzung schreiben sich in den Granit. In das Pflaster des Paradeplatzes, etwa 40 Meter vor der Apotheke, ist ein Stein eingelassen, auf dem der Block für Enthauptungen gestanden haben dürfte: 1725 fand hier die letzte Hinrichtung statt.

Nach der gescheiterten Erhebung der Jahre 1848 bis

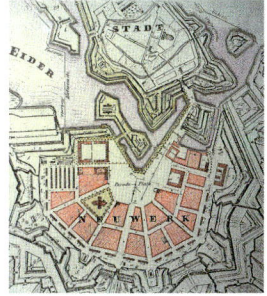

Die Luftaufnahme des Stadtteils Neuwerk lässt die Straßenstruktur der Festung mit dem Parade-platz im Mittelpunkt deut-lich werden.

1850 wurde die Festung geschleift. Rendsburg war ein Zentrum des Aufstandes, und das wird auf schöne Weise bis heute augenfällig: Die radialen Straßen des Neu-werks und in deren Verlängerung die Oberflächenstruk-tur des Paradeplatzes laufen auf einen Punkt zu, an dem heute das 1873 errichtete Denkmal für Uwe Jens Lorn-sen (1793–1838) steht. Er hatte schon 1830 gefordert, die Verwaltung Schleswig-Holsteins von der dänischen Krone zu trennen und gilt daher als Vorkämpfer für die Unabhängigkeit der Herzogtümer. Seine Forderungen erhob er freilich nicht ungestraft, einen Teil seiner Haft büßte er in Rendsburg ab.

In zeitlichem und städtebaulichem Zusammenhang mit der Erbauung des Festungsstadtteiles ist auch die jü-dische Gemeinde Rendsburgs entstanden. 1692 stellte der dänische König ein Privileg für Rendsburg-Neu-werk aus, das neben anderen Bestimmungen die freie Religionsausübung garantierte, aber nicht das Recht einschloss, Gottesdienste abzuhalten; dies war nur der evangelisch-lutherischen Kirche gestattet. 1732 dann hatte sich die Situation geändert, es konnte eine Syna-goge gebaut werden. Bis auf den heutigen Tag legen in der Prinzessinstraße die 1843 errichtete Synagoge mit Betsaal, Frauenempore und einem rituellen Tauchbad, der Mikwe, sowie das Gebäude der benachbarten Tal-mund-Tora-Schule ein eindrucksvolles Zeugnis ab. Mitte des 19. Jahrhunderts lebten rund 200 Bürgerinnen und Bürger jüdischen Glaubens im Neuwerk. Während des Pogroms von 1938 verübten Nationalsozialisten einen Anschlag auf das Gotteshaus, die Juden wurden verfolgt. Erst 1981 wurde das jüdische Erbe in der Stadt wieder entdeckt. Heute sind die Synagoge, sie ist nörd-lich der Elbe der letzte Zeuge einer Reihe von Bethäu-sern der jüdischen Provinzgemeinden aus der Zeit vor der Emanzipation 1863, und die Schule als Jüdisches Museum Rendsburg der Öffentlichkeit zugänglich.

Ansicht des Herrenhauses Louisenlund von der Parkseite aus gesehen.

Am hohen Ufer der Schlei, bei der „Großen Breite" des schleswig-holsteinischen Fjordes, liegt das ehemalige Gut Ziegelhof. An gleichermaßen exponierter wie entlegener Stelle gelegen, weckte es die Aufmerksamkeit Carls von Hessen (1744–1836). Landgraf Carl von Hessen residierte im Schloss Gottorf als Statthalter des dänischen Königs, dort wirkte er von 1767 bis 1836. „Seine lange Amtszeit," so schrieb Jens Ahlers, „gewährt tiefe Einblicke in die Entwicklungen der ausklingenden gesamtstaatlichen Zeit und den Übergang in die ständezeitliche Epoche. Carl von Hessen war ein Wanderer zwischen den Welten". Er war Zeitzeuge und politischer Akteur in einer Zeit mit tief greifenden Umwälzungen: Aufhebung der Leibeigenschaft, das Ende der gesamtstaatlichen Zeit, beginnende Industrialisierung.

Als Sohn des Erbprinzen Friedrich II. von Hessen-Kassel und dessen Frau Marie von Großbritannien war ihm eine Karriere an einem der europäischen Höfe vor-

herbestimmt. Schon in jungen Jahren stieg er am dänischen Königshof in wichtige Positionen auf, er war etwa Heerführer, Staatsminister und sogar Vizekönig in Norwegen. Hofintrigen veranlassten ihn jedoch, als Statthalter in die Herzogtümer zu gehen. Zusammen mit seiner Frau, der Prinzessin Louise, einer Schwester des dänischen Königs Christian VII., ließ er sich den Ziegelhof als Sommersitz einrichten und benannte das Anwesen in Louisenlund um. Seine dienstliche Tätigkeit als Statthalter bestand im Wesentlichen darin, zwischen den örtlichen Behörden in den Herzogtümern und dem König in Kopenhagen zu vermitteln. Carl als Statthalter und Schwager des König und vor allem seine Frau pflegten auf Gottorf einen fürstlichen Lebensstil: So heißt es, Louise habe nie das Pflaster Schleswigs betreten und zu ihrem Wagen habe sie sich aus dem zweiten Stock des Schlosses mit einer Sänfte die Treppen heruntertragen lassen.

In Louisenlund, das Louise 1770 zum Geschenk erhält, baut Carl das bescheidene Herrenhaus Ziegelhof zu einem barocken Landhaus um. Vor allem im Garten des Herrenhauses lässt er freimaurerische Gedanken die Gestaltung bestimmen: Etwa mit „Einsiedelei", Felsenberg oder mit dem Freimaurerturm, in dessen Keller er sich eine Alchimistenküche einrichtete. Mit veredelten Metallen oder gar selbst hergestelltem Gold wollte er die leeren Staatskassen auffüllen.

Nicht aus Gold, sondern aus Eisen sollte der Schlüssel zur Industrialisierung Schleswigs und Holsteins sein. Im Jahre 1827 gründete Marcus Hartwig Holler vor den Toren Rendsburgs nahe bei Büdelsdorf eine Eisengießerei. Zwar hatten Aufklärung und Französische Revolution Freiräume für individuelle und unternehmerische Zielsetzungen geschaffen, doch waren Unternehmer in den deutschen Kleinstaaten noch auf die Unterstützung und Genehmigung der Obrigkeiten angewiesen. Holler stammte aus einer Zimmermannsfamilie und doch erkannte er: „Das Wort Eisen ist es, was alles erklärt – gleich nützlich, ja unentbehrlich dem Staate und der Landesverteidigung wie dem Haushalte, dem Landmann, den Bauten und Fabriken möchte es in den Bedürfnissen der Menschen zunächst der Nahrung seinen Platz einnehmen." Carl von Hessen hatte sich in Kopenhagen für den jungen Unternehmensgründer aus Rendsburg eingesetzt und ihm beim König Gehör verschafft. Mit Erfolg. Und als zweitgrößter Aktionär beteiligte er sich unmittelbar an der Finanzierung des Unternehmens, das als „Carlshütte" seinen Namen tragen sollte. Die Carlshütte stellte zunächst Haushaltgegenstände, Öfen und landwirtschaftliches Gerät her und beschäftigte im Gründungsjahr an die 100 Arbeiter. Der erste Großguss der Carlshütte sollte die gusseiserne Wasserschale für den Gottorfer Neuwerkgarten sein. Das Unternehmen wuchs rasant, die Zahl der Arbeiter und Angestellten ebenfalls: 1842 wurde die erste Wohnsiedlung der Carlshütte fertig gestellt, die Zahl der Beschäftigten war auf über 200 gestiegen.

Landgraf Carl von Hessen als Wanderer zwischen den Welten: Er selbst besaß mehrere Güter in Schleswig und Holstein, etwa Roest bei Kappeln und Panker bei Lütjenburg, und förderte doch die Entstehung von etwa 800 Armengärten als Fürsorgeeinrichtungen. Er war gläubig, fromm und gründete die schleswig-holsteinische Bibelgesellschaft, und doch blieb er der Freimaurerei treu und verwirrte die Emkendorfer Gesellschaft als Geisterseher. Er ließ früher als andere Land parzellieren und entließ Bauern aus der Leibeigenschaft und doch hat er der erwachenden nationalen und bürgerlichen Bewegung ratlos gegenübergestanden.

Im Alter von 92 Jahren ist der alte Landgraf 1836 auf

Carls Hütte bei Rendsburg.
von Kotroki's Hause

Louisenlund am Todestag Friedrichs des Großen, den er bewunderte, gestorben; beigesetzt wurde Carl von Hessen an seinem 70. Hochzeitstag neben seiner Frau im Schleswiger Dom – ganz so, wie es sich für einen Mystiker wie ihn gehört. Geisterseherei und altväterliche Fürsorge brachten ihm Sympathien ein und machten den Statthalter zu einer Figur in der Volksüberlieferung.

Die Carlshütte bei Rendsburg, um 1845. Carl von Hessen hat diese Unternehmung, gegründet 1827, von Anbeginn gefördert.

Der Turm im Park von Louisenlund, um 1800. Im Keller des Turms betrieb der Statthalter eine Alchemistenküche.

Walkiefer als Gartentor auf Föhr: Trophäen der besonderen Art erinnern an den Walfang der Nordfriesen.

Auf den Friedhöfen der Nordfriesischen Inseln, in Nebel auf Amrum etwa, in Keitum auf Sylt, vor allem aber in Nieblum, Süderende und Wyk-Boldixum auf Föhr lässt sich auf zahlreichen sandsteinernen Grabmalen, die sich vielfach seit dem späten 19. Jahrhundert an Wegen oder den Friedhofsmauern präsentieren, die Schifffahrtsgeschichte vor allem des 17. und 18. Jahrhunderts ablesen. Dabei zeugen die Grabstelen mit der Darstellung verschiedener Schiffstypen und die ausführlichen Lebensbeschreibungen von Walfang und Grönlandfahrt, die über zwei Jahrhunderte Existenzgrundlage für die Nordfriesen auf den Inseln waren.

Die Friesen in Schleswig-Holstein sind von der südlichen Nordseeküste, von Ostfriesland und Westfriesland, nach Nordfriesland eingewandert. Wie das genau geschah und warum, lässt sich nicht sicher sagen. Älteste Quellen sind Münzfunde. „Die Prägedaten und -orte vieler der gefundenen Stücke", so Albert Panten, „können einigermaßen treffend mit der Flucht von Friesen vor der Expansion des fränkischen Reiches im siebten und achten Jahrhundert in Einklang gebracht werden."

Die friesische Bevölkerung kam über das Meer, lebte durch Jahrhunderte im Kampf mit dem Meer und verdankte ihm ihr „Goldenes Zeitalter": Nachdem der Reiseschriftsteller J. G. Kohl die Inseln und Halligen im Nordfriesischen Wattenmeer besucht hatte, schrieb er 1846: „Die Leute betreiben hier die Grönlandfahrten wie etwas, das mit zu ihren gewöhnlichen, jährlich wiederkehrenden Geschäften gehört. Es scheint einem, als läge Grönland ganz nah bei Friesland." Und tatsächlich: Jeder, der unter der männlichen Bevölkerung der Halligen und Inseln seetüchtig war, bei gerade einmal 10- oder 12-jährigen Jungen angefangen, segelte um den St.-Petri-Tag, dem 22. Februar, mit kleinen Schmackschiffen in die großen Häfen, nach Hamburg und in die Niederlande. Von dort liefen die großen Walfänger aus in das Nordmeer. Die früheste Überlieferung dafür stammt aus dem Jahr 1637, wenige Jahre nach der schweren Sturmflut von 1634, die das alte Nordstrand vernichtete und Not und Zerstörung über die Inseln brachte: Notgedrungen mussten Nordfriesen Lohn und Brot woanders suchen. Gut ein Jahrhundert später notierte der Husumer Caspar Danckwerth: „Ihrer viel ernehren sich mit dem Walfischfange, denn sie fahren jährlich hinüber hinter Eißlandt und Norwegen an Grönlandt und Spitzbergen, auff sothane Walfischfang, welche sonst unsaubere Handtierung ihnen gut Geldt in den Beutel trägt." Allerdings war die große Jagd auf den Wal nicht nur ein einträgliches Geschäft, sondern auch gefährlich: Manche Schaluppe, von der aus harpuniert wurde, kenterte, mancher Sturm zauste das Schiff und manches Schiff lief im nördlichen Packeis fest.

Jahr für Jahr also fuhren die Männer aus, verdingten sich auf den Walfangschiffen, jagten im Nordmeer zwischen Island und Spitzbergen nach Walen und Robben und kehrten erst im Herbst in die Häfen zurück. Dort nahmen sie ihren Lohn oder ihren Gewinnanteil in Empfang und kehrten nach Nordfriesland zurück, um im nächsten Frühjahr wieder auszufahren. Dabei sammelten die Nordfriesen Erfahrungen, dienten sich hoch, fingen als Schiffsjungen an und überwogen bald unter den Bootsmännern, Steuerleuten, Harpunieren und sogar Kommandeuren. Im Laufe der Zeit bildeten sich auf den Inseln regelrechte Navigationsschulen – im Winterhalbjahr hatte man Zeit zum Lernen, was hätte man dort sonst tun sollen? Der Pastor Richardus Petri, der Jahrzehnte lang bis 1678 in Süderende auf Föhr predigte, soll in den nautischen Wissenschaften beschlagen gewesen sein. Er lehrte seine Schüler kostenlos und soll ihnen das Versprechen abgenommen haben, ihr Wissen

Walfänger im Nordmeer. Fliesenbild aus dem 18. Jahrhundert.

und ihre Erfahrungen ebenfalls kostenlos weiterzugeben.

Versuche, es den Hamburgern und Holländern auf eigene Faust gleichzutun und den Walfang von der schleswig-holsteinischen Westküste zu organisieren, gab es hier und da, zeitigten jedoch keinen nachhaltigen Erfolg. Ohne die Nordfriesen wäre aber der einträgliche Walfang der Hamburger und der Holländer nicht möglich gewesen. Der Sylter Chronist Christian Peter Hansen (1803–1879) aus Keitum nennt das Jahr 1701 als einen Höhenpunkt des Walfanges: 207 niederländische Schiffe brachten den Ertrag von 2.071 Walen an Land, 54 Hamburger Schiffe lieferten 544 Tiere. Etwa 3.600 Nordfriesen nahmen auf diesen Schiffen am Walfang teil. Einhundert Jahre später lebten auf Sylt 20 Kommandeure, auf Föhr mehr als 50.

Das „Goldene Zeitalter" der Nordfriesen neigte sich dem Ende zu, als die Nachfrage nach den einschlägigen Produkten zurückging: Reifröcke waren aus der Mode, Fischbein für die Stützen wurde nicht mehr benötigt, Petroleum verdrängte seit Mitte des 19. Jahrhunderts den Tran als Brennstoff in den Lampen. Viele Friesen wanderten späterhin aus und suchten ihr Heil in Übersee. Auf den Inseln blieben prächtig ausgestattete Stuben, Walkiefer als Gartentore und repräsentative Grabstelen zurück als Erinnerung an eine Zeit, in der die Nordsee für die Bewohner der Inseln und Halligen keine Wasserwüste war, sondern die Verbindung zu einem Leben in Wohlstand.

Grabsteine auf den Föhrer Kirchhöfen Nieblum, Süderende und Wyk-Boldixum künden als aufwändig gestaltete Bildtafeln von den friesischen Grönlandfahrern.

Der Flensburger Hafen, hier mit dem Kampanietor im Bild, war im 18. Jahrhundert einer der maßgeblichen Standorte im Atlantischen Dreieckshandel.

Die Missionsstation Friedensthal auf St. Croix in der Karibik: Es werden gerade Sklavinnen und Sklaven getauft, 1786.

Deutschlands nördlichste Hafenstadt, Flensburg, liegt weit im Landesinnern an einer etwa 35 Kilometer lang gezogenen Förde. Die Bedingungen an diesem Standort waren günstig für Handel und Wandel: Schon um 1200 richteten Kaufleute der dänischen St. Knudsgilde im Innern der Förde einen Markt ein und ließ eine Schiffsanlegebrücke bauen. Die Stadt blühte vor allem um 1600. In dieser Zeit sollen etwa 6.000 Einwohner und 200 größere und kleinere Schiffe auf der Ostsee, nach den Niederlanden, nach England und Frankreich und bis in das Mittelmeer gefahren sein. In der „Newen Landesbeschreibung der Zwey Herzogthümer Schleswich und Holstein" der beiden Husumer Caspar Danckwerth (1605–1672) und Johannes Mejer (1606–1694) heißt es über Flensburg: „Sie ist anitzo die vornehmste und reicheste Stadt in dem Herzogtuhme Schleßwich … liegt am Wasser mit grossen und starcken steinern Häusern wol erbawet: dann vorzeiten haben die Bürger hieselbst statlichen Handel geführet zu Wasser und zu Lande."

Wie Wyk auf Föhr an der Nordseeküste war Flensburg aktiv im Walfang vor Grönland. Weit einträglicher noch war allerdings ab Mitte des 18. Jahrhunderts die

Westindienfahrt. Sie bestimmte ein Jahrhundert lang Schiffbau, Handel und Gewerbe und machte die Stadt an der Förde zur deutschen Rum-Stadt überhaupt. Damit war Flensburg Stützpunkt in einem Wirtschaftssystem, das als „Atlantischer Dreieckshandel" bezeichnet wird und an dem sich alle seefahrenden Nationen Europas beteiligten: Aus Europa wurden Gewehre und Munition sowie Branntwein per Schiff an die Westafrikanische Küste gebracht. Dafür wurden Sklaven gekauft

60

und über den Atlantik verschifft auf die Westindischen Inseln und in die Neue Welt, die für die verschleppten Afrikaner im wesentlichen aus Plantagen bestand, auf denen Zucker, Rum, Tabak und Baumwolle produziert wurde. Diese Produkte wurden nach Europa gebracht und so schloss sich der Kreis.

Geradezu zur Symbolfigur für den Atlantischen Dreieckshandel wurde der aus Demmin stammende Kaufmann Heinrich Carl Schimmelmann (1724–1782), der in Stettin Kaufmann gelernt und sich in Sachsen ein Vermögen verdient hatte. Über Hamburg kam er als Finanzberater an den dänischen Hof in Kopenhagen und stieg schließlich bis zum Finanz- und Handelsminister auf. Zugleich erwarb er vier Zuckerplantagen in der Karibik, zwei auf der Insel St. Croix und je eine auf St. Thomas und St. Jan. Bei Kopenhagen besaß er eine Gewehrfabrik und eine Zuckerraffinerie, zum Zeitpunkt seines Todes nannte er 1.000 Sklaven sein eigen. Er hatte sich schon vor seinem Kopenhagener Engagement das Renaissanceschloss Ahrensburg gekauft, nun hinterließ er noch das Herrenhaus Knoop, das er für seine Tochter erworben hatte. Diese Anwesen gehören heute zu den bedeutendsten Zeugnissen schleswig-holsteinischer Adelskultur der Gesamtstaatszeit und sind aus den Gewinnen aus dem „Atlantischen Dreieckshandel" einschließlich der Sklavenarbeit hergerichtet und ausge-

stattet. Das gilt auch für das Herrenhaus Emkendorf der Familie Reventlow; Gräfin Julia Reventlow war eine Tochter Schimmelmanns. Sein Sohn Ernst war dann die treibende Kraft beim Verbot des Sklavenhandels im dänischen Gesamtstaat und dessen überseeischen Besitzungen. Die Arbeitsbedingungen dort waren entsetzlich. Johann Lorenz Carstens (1705–1747), als Sohn des Flensburgers Jürgen Carstensen auf St. Thomas geboren, wo sein Vater als Proviantverwalter der Dänisch Westindischen Kompanie arbeitete, berichtet: „Diese Plantagensklaven können niemals eine Zeitlang von Arbeit frei sein, denn kaum ist eine Pflanzung fertig und erledigt, ist es an der Zeit (an anderer Stelle) zu pflanzen oder zu jäten."

Für Flensburg war gerade der Rohzucker von den vier genannten Inseln der Rohstoff, der in den hiesigen Raffinerien verarbeitet wurde. Gewissermaßen als Nebenprodukt mit dem Rohzucker kam der Rum mit 70 bis 80 % Alkohol nach Flensburg, wo er zu einer trinkbaren Flüssigkeit „verschnitten" wurde. Aus dem Westindienhandel kamen auch Kaffee und kostbare Hölzer in die Fördestadt.

St. Croix war übrigens auch der Name eines der zahlreichen berühmten Flensburger Westindienfahrer, die von Flensburger Handelshäusern auf Fahrt geschickt wurden. Diese Handelshäuser waren zugleich Eigentümer von Manufakturen und Mühlenbetrieben zur Verarbeitung von Rohzucker etwa von der Insel St. Croix. Solche Zuckermühlen bestimmten Flensburgs Stadtbild bis in das 19. Jahrhundert hinein.

Im Kellergewölbe des Schifffahrtsmuseums, das in authentischer Lage im ehemaligen Zollpackhaus an der Schiffbrücke am Hafen über Flensburger Stadt- und Schifffahrtsgeschichte informiert, ist eigens ein Rum-Museum eingerichtet, in dem die Firmengeschichte einiger Flensburger Rumhäuser dokumentiert wird.

Flensburg wurde zur bedeutenden Handelsstadt. Vor allem die Rumherstellung florierte. Noch heute erinnern Speicher und Kaufmannshöfe an diese Vergangenheit.

Die Fregatte „St. Croix", 1807, war ein berühmter Flensburger Westindienfahrer, der später noch auf Grönlandfahrt ging.

Die Sklaven wurden von Westafrika in die Karibik gebracht: Karte der Guineaküste, 1743.

Von der einstigen Pracht des Kieler Renaissanceschlosses ist nichts mehr geblieben. Anfang der 1960er Jahre ist seine ausgebrannte Ruine abgebrochen und durch einen funktionalen Neubau ersetzt worden.

Altstadtinsel mit Schloss und ausgreifender Gartenanlage: Die Residenzstadt Kiel um 1750.

Heute fahren viele Menschen in der schleswig-holsteinischen Landeshauptstadt Kiel an der Anlage des Schlosses vorbei, ohne es zu bemerken. Erst auf den zweiten Blick erkennt man die Strukturen der Altstadt-insel mit der Nikolaikirche, der Klosteranlage und dem Gebäudekomplex aus den 1960er-Jahren, auf den die Schlossstraße zuführt und der noch heute Schloss heißt und erst auf den dritten Blick als Nachfolgebau eines herrschaftlichen Sitzes zu erahnen ist.

In der Folge des Großen Nordischen Krieges, in dem Dänemark und Russland versuchten, Schwedens Einfluss in Nordeuropa zu schmälern, stand der Gottorfer Herzog Carl Friedrich (1700–1739) auf der Seite der Schweden. Diese unterlagen allerdings 1720 und konnten Gottorf nicht mehr unterstützen. Carl Friedrich verlor seine Besitzungen in Schleswig einschließlich seines Schlosses Gottorf an den dänischen König. „Fortan war der Staat der Gottorfer", so Dieter Lohmeier, „ein kleines zerstückeltes Territorium im Herzogtum Holstein, dessen Hauptresidenz das Schloss in Kiel wurde." Mit dieser neuen politischen Situation wollten sich die Gottorfer allerdings nicht abfinden. Allein waren sie gewiss zu schwach, daran etwas zu ändern. Die Schweden als ehemalige Bündnispartner war nach dem Nordischen Krieg geschwächt, also mussten sie sich nach einer neuen Schutzmacht umsehen. Dabei fiel der Blick von Herzog Carl Friedrich auf St. Petersburg. Dort wurde er 1721 mit offenen Armen empfangen und fand auch gleich seine Braut: Anna Petrowna (1708–1728), die ältere der beiden Töchter von Zar Peter dem Großen (1672–1725). Sie folgte ihrem Mann aus der neu angelegten, prächtigen Hauptstadt St. Petersburg nach Kiel, das dazumal keinen glanzvollen Eindruck gemacht haben dürfte: Im Verlauf des Großen Nordischen Krieges hatte die kleine Stadt gelitten, war belagert und besetzt worden. Der Handel war unbedeutend. Und auch das Schloss war baulich in keinem besonders guten Zustand.

Umso herzlicher war der Empfang der Kieler Bevölkerung, als Anna Petrowna und Carl Friedrich im August 1727 mit einer Barke in Kiel am Schuhmachertor, etwa dort gelegen, wo heute der Speicher von Sartori und Berger steht, landeten. Hier war eine Ehrenpforte für das Herzogspaar aufgebaut. „Durch die festlich geschmückte Stadt fuhr es über Holstenstraße, Markt und Schlossstraße zum Schloss," so Renate Paczkowski. Und weiter: „Auch auf dem Schlosshof sollen illuminierte Pyramiden mit figürlichen Sinnbildern aufgestellt gewesen sein. Die Studentenschaft feierte die Ankunft des hohen Paares drei Tage später mit einer festlichen Abendmusik bei Fackelschein. Für die orthodoxe Herzogin war im Erdgeschoss des Schlosses eigens eine russische Kapelle mit einer Ikonenwand eingebaut worden."

Wenige Monate später, im Februar 1728, wurde dem Herzogspaar in Kiel ein Kind geboren, das den Namen Carl Peter Ulrich erhielt. Nach den Tauffeierlichkeiten erkrankte seine Mutter schwer und starb im Mai 1728. Die Zarentochter wurde allerdings nicht in Kiel, sondern in St. Petersburg beigesetzt. Elf Jahre später starb auch Carl Friedrich. Carl Peter Ulrich soll in seiner Jugend in Kiel nicht sehr glücklich gewesen sein. „Zurückgeblieben" sei er, störrisch und infantil. Am liebsten soll er sich mit Puppen- und Soldatenspielen beschäftigt haben. Dies hat seine Tante Elisabeth, die inzwischen das russische Weltreich regierte, offenbar nicht gewusst. Sie rief ihren Neffen 1742 von Kiel nach St. Petersburg und ernannte ihn, da sie selbst unverheiratet geblieben war, zum Thronfolger. Er war zum russisch-orthodoxen Glauben übergetreten und nannte sich, nach dem Vorbild seines berühmten Großvaters, nur noch Peter. Nun war aus dem Gottorfer Herzog ein russischer Großfürst geworden. Im Jahre 1745 heiratete er die Prinzessin Sophie Auguste Friederike von Anhalt-Zerbst. Auch in Kiel wurde das ausgiebig gefeiert: Eine Fregatte feuerte Salutschüsse, es gab Gottesdienste, unter den Armen wurde Geld verteilt und auf dem Schlossplatz floss der Wein. Abends wurden Schloss, Fregatte und die Stadt festlich illuminiert.

Im Januar des Jahres 1762 starb die Zarin Elisabeth und der Kieler Carl Peter Ulrich bestieg als Peter III. den Zarenthron. Sogleich bereitete er einen Feldzug gegen Dänemark vor, um sich die 1720 für die Gottorfer verlo-

renen Territorien wieder zu holen. Zu einem Krieg kam es aber nicht mehr, denn Peter III. blieb gerade einmal sechs Monate Zar. Seine Frau hatte mit anderen seinen Sturz betrieben, schließlich wurde er von seiner Wache ermordet und bis heute ist ungeklärt, wer hinter der Gewalttat steckte. Seine Frau freilich bestieg als Katharina II. den Zarenthron. Sie wird als Katharina die Große in die Geschichte eingehen. Den vorbereiteten Feldzug gegen Dänemark brach sie sogleich ab. Sie wird mit Caspar von Salderns Hilfe den Streit um Gottorf in der nächsten Zeit entschärfen und die „Ruhe im Norden" wieder herstellen. In Kiel war schon 1739 die beeindruckende Gartenanlage, von der heute als Schlossgarten nur noch ein kleines Überbleibsel zu sehen ist, wieder instand gesetzt worden. Ab 1763 begann hier auf Weisung der Zarin Katharina eine durchgreifende Erneuerung des Renaissancebaues.

1762 bestieg der Gottorfer Herzog Carl Peter Ulrich als Peter III. den Zarenthron. Dies Gemälde ist eines der wenigen, das den späteren Zaren mit seiner Frau, der späteren Zarin Katharina der Großen, gemeinsam zeigt.

Herrenhaus Schierensee und die historische Hofanlage mit Ställen und Scheunen inmitten einer Parklandschaft gelegen.

Caspar von Saldern (1711–1786), Diplomat und Herr auf Schierensee.

Gartenansicht des Herrenhauses. Ein Beispiel für die Ausstattung Schierensees mit authentischem Inventar des 18. Jahrhunderts: grün-weißes Damastkabinett mit Schreibsekretär. Darüber eine Ansicht von Altona.

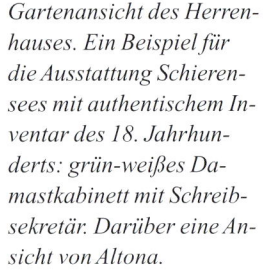

Zwischen Rendsburg, Kiel und Neumünster liegt heute der Naturpark Westensee, eine Moränenlandschaft mit Äckern, Weideland und Wald. Zu den markanten topografischen Erscheinungen gehören hier der Lauf der Eider, die Seen, von denen der Westensee der größte ist, und der Höhenzug, der sich vom Ort Westensee nach Süden zieht, mit dem Tüteberg, 88 Meter hoch, als markantem Aussichtpunkt. Westensee wie Höhenzug sind Ergebnisse der eiszeitlichen Gletscher.

Im Ort Westensee steht eine Feldsteinkirche aus der Zeit um 1250 mit einem Backsteinchor von 1300. An die Nordwand des Gotteshauses sind Gruften für namhafte Adelsfamilien des Landes angefügt, für Ahlefeldts, Qualens, Reventlows und Baudissins. Besonders sehenswert ist das Renaissancegrabmal für Daniel Rantzau. Er starb 1569 als dänischer Feldherr in Schweden. Er hatte das dänische Heer gegen die Schweden zum Sieg geführt. Im Dreißigjährigen Krieg waren es schwedische Soldaten, die dieses Grabmal verwüsteten, heute ist die Liegefigur nur noch verstümmelt erhalten. Die Namen der Adelsfamilien, die mit der Westenseer Kirche verbunden sind, machen sinnfällig, dass das Kirchdorf in einem Zentrum der adligen Gutswirtschaft liegt. Wie Perlen auf einer Schnur reihen sich wenige

Kilometer südlich Westensees die prächtigsten Herrenhäuser des Landes.

Westlich beginnt diese Trias mit Emkendorf, das kulturgeschichtlich gesehen die bedeutendste Gutsanlage in Schleswig-Holstein ist und bereits im 12. Jahrhundert entstand. Sein heutiges Aussehen erhielt das Herrenhaus, nachdem Fritz Graf von Reventlow Emkendorf 1786 übernommen hatte. Dabei wurde der Stil Ludwigs XVI. Vorbild für die Gestaltung. Der Baumeister Carl Gottlob Horn wurde aus Sachsen in den Norden geholt, die aufwändige Inneneinrichtung und -gestaltung schufen der Maler Pellicia und der Stuckateur Tadei,

Herrenhaus Emkendorf.

beide aus Italien stammend. Hinter dem Herrenhaus liegt ein großzügig angelegter Landschaftspark. Insbesondere Reventlows Frau Julia, sie war eine Tochter des zum Grafen erhobenen Kaufmanns Schimmelmann, ließ Emkendorf zu einem geistigen Zentrum des 18. Jahrhunderts werden, indem sie Matthais Claudius, Johann Heinrich Voß, Philosophen und Professoren der Kieler Universität an das Herrenhaus band. Wenn auch die Bemühungen, Goethe nach Emkendorf zu holen, vergebens waren, so sprach man im Nachhinein von Emkendorf als einem „Weimar des Nordens". Die Pracht allerdings, die die schöne Kulisse für das Dichten und Diskutieren bildete, hatte es in sich. Finanziert wurde sie wesentlich aus dem Vermögen Schimmelmanns, der sein Geld zu nicht unerheblichen Teilen aus Sklavenhandel und Sklavenarbeit in der Karibik verdiente: Er war die Personifizierung des „Atlantischen Dreieckshandels" mit Waffen, Branntwein, Sklaven, Zucker und Rum.

Etwa vier Kilometer östlich von Emkendorf liegt Deutsch-Nienhof, das mit den Namen der Familien Ahlefeld und Rantzau verbunden ist und heute der Familie von Hedemann-Heespen gehört. Die sichtbare äußere klassizistische Gestalt erhielt das Herrenhaus Ende des 18. Jahrhunderts. Die umfangreiche Bibliothek des Herrenhauses ist berühmt, hier lebte und schrieb der Landeshistoriker Paul von Hedemann-Heespen (1869–1937).

Weitere zwei Kilometer weiter nach Osten folgt dann, landschaftlich ideal gelegen, Schierensee. Auch Schierensee geht auf ein mittelalterliches Gut zurück. Was heute dort überliefert ist, Herrenhaus, Wirtschaftshof und Landschaftspark, geht auf den Auftrag von

Caspar von Saldern (1711–1786) zurück. Dieser stand zunächst als Amtsverwalter von Neumünster in Gottorfer Staatsdiensten und erwarb sich 1752 das Gut Schierensee. Im Auftrag der Gottorfer wirkte er ab 1761 mit diplomatischem Geschick am russischen Zarenhof. Durch den Aufstieg des Gottorfer Herzogs zum Zaren geriet die russische Politik unter den Einfluss der Gottorfer Interessen und wurde in die Konfrontation mit Dänemark gebracht. Von Saldern nun vermittelte einen Gebietstausch, durch den im Ergebnis Moskau auf seinen Anspruch auf den Gottorfer Anteil von Schleswig ebenso verzichtet wie auf den Besitz in Holstein. Auch der gemeinschaftlich regierte Teil Holsteins fällt nun ganz an den dänischen König. Dänemark muss sich im Gegenzug von den vom dänischen König in Personalunion regierten Grafschaften Oldenburg und Delmenhorst im heutigen Niedersachsen trennen. Festgeschrieben wurde dies in dem Vertrag von Zarskoje Selo im Jahre 1773. Schleswig und Holstein sind nach diesem Gebietstausch unter einem Landesherrn, dem dänischen König, vereint und bilden einen Teil des dänischen Gesamtstaats. Damit hat Caspar von Saldern dazu beigetragen, eine Streitfrage im Norden zu lösen und den Frieden zu sichern.

Ausgestattet mit den Früchten seiner erfolgreichen diplomatischen Mission begann er nun, zwischen 1776 und 1782, sein Gut Schierensee prächtig auszubauen. Wenige Jahre später, 1786, starb er; er fand seine letzte Ruhe in der Klosterkirche von Bordesholm. Das dortige Kloster hatte seinen Anfang ursprünglich in Neumünster genommen – die faszinierende Laufbahn von Salderns vom bürgerlichen Verwaltungsbeamten zum Staatsmann und Herrn von Schierensee ebenso.

Graf Fritz Reventlow (oben) und Gräfin Julia Reventlow, geb. Schimmelmann, gemalt von Jens Juel (1745–1802).

Ihren späteren Mann hat Sophie Auguste Friederike von Anhalt-Zerbst (1729–1796) das erste Mal in Eutin getroffen. Hier residierten die Lübecker Fürstbischöfe aus dem Hause Gottorf – das Bistum Lübeck hatte sich als geistliches Territorium auch noch behaupten können, als in der Folge der Reformation die Kirche ihren meisten Grundbesitz verlor. Im Jahr 1739 fand hier ein Familientreffen statt, zu dem die junge Prinzessin ebenso anreiste wie Carl Peter Ulrich von Schleswig-Holstein-Gottorf. Die nachmalige Zarin Katharina die Große er-

Von einem breiten Schlossgraben umgeben, erhebt sich das wuchtige Eutiner Schloss.

innert sich in ihren Memoiren an diesen Besuch in Eutin. „Der Prinz hatte aus Kiel", so schreibt sie, „sein Mündel, den damals elfjährigen Herzog Carl Peter Ulrich mitgebracht. Hier sah ich also den Herzog, der später mein Gemahl geworden ist, zum ersten Mal. Er schien damals wohlerzogen und geweckt, doch war schon die Neigung für Wein bemerkbar und Widerwillen gegen alles, was ihm irgendwie unbequem war. Meiner Mutter trat er näher, aber mich konnte er nicht leiden; er war eifersüchtig auf die Freiheit, die ich genoß, während er von Lehrern umringt war und jeder seiner Schritte geregelt und gezählt war." Die anhaltinische Prinzessin kümmerte sich dort wenig um ihn, – nach eigenem Bekunden hat sie sich mit den Begleiterinnen ihrer Großmutter lieber zweimal täglich Milchsuppe gemacht. Späterhin wird sie politische Weichen stellen, die für Eutin von Segen sein werden. Noch heute sind im Eutiner Schloss Schiffsmodelle aus dem 18. Jahrhundert zu sehen, die das russische Zarenhaus den Eutiner Verwandten schenkte. Porträts der St. Petersburger Verwandtschaft hängen im so genannten „Russenzimmer".

Die frühen Spuren des Eutiner Schlosses gehen zurück auf die Zeit der Slawenmissionierung. Der Lübecker Bischof Gerold, Nachfolger Vicelins, gründete in Eutin eine Niederlassung. Im 13. Jahrhundert dann wird Eutin ständige Residenz der Lübecker Bischöfe, die an der Trave stets in Konkurrenz zur selbstbewussten Bürgerschaft standen. Eutin wurde ihnen so zu Refugium und repräsentativer Geste gleichermaßen. Baulich wächst das Schloss im Laufe der Jahrhunderte zu einer kompakten vierflügeligen Anlage. Politisch rückt es in das Zentrum des landesgeschichtlichen Geschehens, nachdem im Jahre 1586 ein erster Bischof aus dem Hause Schleswig-Holstein-Gottorf gewählt wird. Nun wird Eutin neben Gottorf zur zweiten landesherrlichen Residenz. Die Bindung an Gottorf wurde in der Folge des Dreißigjährigen Krieges 1618 bis 1648 noch stärker: Als der Fürstbischof die drohende Säkularisierung des Kirchenbesitzes abwenden konnte, setzte er zum Dank durch, dass nur Angehörige des Hauses Gottorf zu Fürstbischöfen gewählt werden durften. Nach einer verheerenden Brandkatastrophe 1689 wird das Schloss gänzlich neu auf- und umgebaut.

Zarin Katharina die Große, die schöne Kindheitserinnerungen an Eutin pflegte, war entschlossen, die Spannungen und Erbstreitigkeiten um Gottorf zu entschärfen. In ihrem Auftrag entwickelte der Diplomat Caspar von Saldern ein Vertragswerk, mit dem 1773 verschiedene Gebiete ausgetauscht wurden, um Herrschaftsverhältnisse zu entflechten und abzurunden. Der Zarenhof verzichtete auf seinen Einfluss und Dänemark konnte seine Herrschaft über ganz Schleswig und Hol-

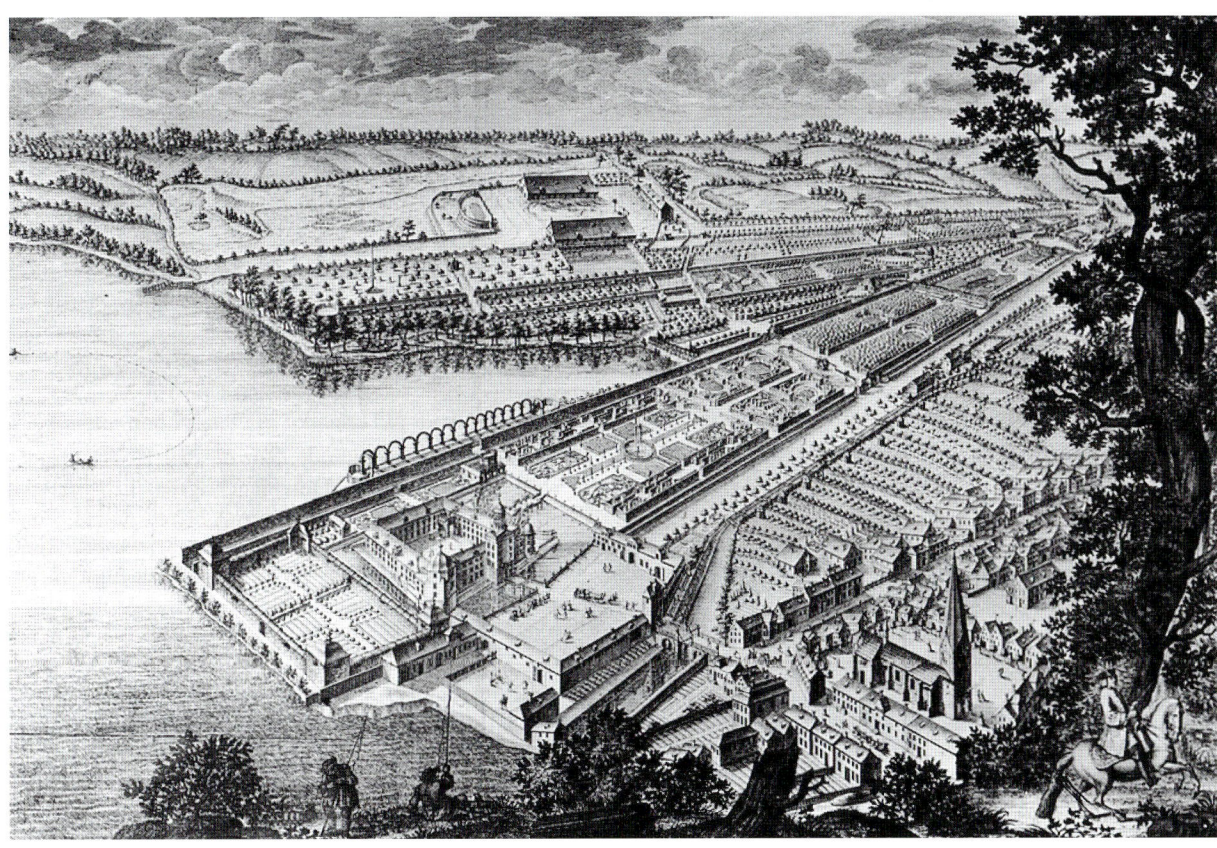

stein sichern – der dänische Gesamtstaat war entstanden. Gewinner waren die Eutiner: Den Fürstbischöfen fielen auch die Grafschaften Oldenburg und Delmenhorst zu. Nun erlebte Eutin seine Glanzzeit: Als eine der Residenzen der Herzöge von Oldenburg wuchs es zu einem Mittelpunkt höfischen Lebens in Schleswig-Holstein heran.

Äußeres Zeichen einer geistigen Bewegung ist die Umwandlung des strengen, barocken Gartens in einen Landschaftsgarten nach englischem Vorbild. Er folgt den Prinzipien, die der Kieler Hochschullehrer und Gartentheoretiker Christian Cay Laurenz Hirschfeld formuliert hatte. Für diesen Park baut Christian Friedrich Hansen einen klassizistischen Tempel. Die Maler Ludwig Strack und Wilhelm Tischbein fühlen sich von diesem Fürstenhof ebenso angezogen wie die Literaten Johann Heinrich Voß, der Homer-Übersetzer, und Friedrich Leopold Stolberg. Eutin gewann in dieser Zeit den Ruf eines „Weimars des Nordens" – neben Emkendorf das zweite im heutigen Holstein! – das so namhafte Besucher wie Heinrich Christian Boie oder Wilhelm von Humboldt in die Stadt lockte.

Der fürstliche Regierungssitz allerdings wurde schon nach einem Jahrzehnt nach Oldenburg in Oldenburg verlegt, Eutin blieb nun Sommerresidenz. Seit einigen Jahren werden Schloss und Garten saniert, in den Gebäuden des klassizistischen Schlossvorplatzes fan-

den bedeutende kulturelle Institutionen Platz. Schloss, Garten und Altstadt, eingebettet in Landesgeschichte wie in die liebliche Hügel- und Seenlandschaft Ostholsteins, machen Eutin zu einer Attraktion.

Heutiger Blick in die Lindenallee des Gartens mit Blick auf die Flora-Statue. Die Allee wurde Ende des 18. Jahrhunderts angelegt.

Schleuse bei Königsförde mit Reststück des Kanalbettes.

Die jütische Halbinsel, ein Blick auf die Karte zeigt dies deutlich, liegt wie eine Brücke zwischen Mitteleuropa und Skandinavien. Seit alten Zeiten ist Schleswig-Holstein daher ein Transitland von Norden nach Süden und umgekehrt; die alten Ochsenwege beispielsweise haben diese Verkehrsroute in die Landschaft geschrieben. In Ost-West-Richtung gesehen allerdings schiebt sich die Halbinsel wie ein Sperrriegel zwischen Nord- und Ostsee: Wer mit seiner Fracht von einem Meer auf das andere wollte, musste die Nordspitze Jütlands bei Skagen umrunden – dies war aufwändig und gefährlich zugleich, denn böig aufkommende Westwinde ließen zahllose Schiffe havarieren. Wer auf Nummer sicher gehen wollte, musste andere Möglichkeiten suchen: Die Wikinger von Haithabu etwa, die von Hollingstedt nach Westen in See stachen und Waren und Güter auf dem Landweg von einer Küste zur anderen schafften. Oder die Lübecker Handelsherren, die gegen Ende des 14. Jahrhunderts die Elbe mit der Trave verbanden, indem sie für den Bau des Stecknitzkanals sorgten. Vor allem seit dem 16. Jahrhundert gab es immer wieder Pläne für ein Kanalbauwerk, das die Landzunge in Ost-West-Richtung für Schiffe durchlässig machen würde. Aber verwirklichen ließ sich ein solcher Plan erst, als der König von Dänemark ab 1773 wieder der einzige

Herzog von Schleswig und Holstein und damit der Gesamtstaat arrondiert war.

Im Juli 1777 begannen nach königlich-dänischem Erlass die Bauarbeiten für den Eiderkanal, an denen mehr als 2.000 Arbeiter und 300 Soldaten beteiligt waren. Auch eine frühe Form von Löffelbaggern, die so genannten „Muddermaschinen", kam zum Einsatz. Die Trasse des Kanals führte von der Kieler Förde bei Holtenau im Levensautal bis in den Flemhuder See, dem Wasser aus dem Westensee zufloss und der wiederum den Kanal speisen sollte. Das war eine wichtige Voraussetzung für den Erfolg des Kanals; 1802 hieß es: „Denn man hat nie gehört, dass die Fahrt auf dem Schleswig-Holsteinischen Kanale wegen Mangel an Wasser unterbrochen worden, welches unstreitig ein großer Vorzug ist, den dieser Kanal über so manchen andere, die an Größe weit unter ihm stehen, behauptet." Von Flemhude aus verlief die neue Wasserstraße mit der Eider bis Rendsburg. Mit 3,50 Metern Tiefe und einer 18 Meter breiten Sohle hatte er beachtliche Ausmaße. Sechs Schleusen mussten allerdings gebaut werden, um die Niveauunterschiede auszugleichen. Die Schiffe, die den Kanal passieren wollten, wurden anfangs in der Regel getreidelt, also vom Ufer her von Pferden gezogen. Bei gutem Wind wurden Segel gesetzt, wer konnte, fuhr unter Dampf. Von Rendsburg bis Tönning sollten die Schiffe die Strecke auf der mäandrierenden Untereider zurücklegen.

Im Oktober 1783 fand die erste Fahrt auf dem Kanal von Holtenau aus statt: durch ein mit holländischen Klinkern beladenes Schiff, das allerdings wegen Gegenwindes nur bis Rendsburg kam. Nun mussten nicht mehr 1.400 Kilometer Seeweg rund um Skagen zurückgelegt werden, wenn man per Schiff von Hamburg nach Kiel wollte, durch den Eiderkanal waren es lediglich noch 170 Kilometer. Bis 1884 wurden mehr als 250.000 Schiffspassagen gezählt. Die wirtschaftliche Bedeutung des Kanals war beträchtlich, vor allem für Kiel, Holtenau, Rendsburg und Tönning, aber auch für die Carlshütte und anliegende Güter und Ziegeleien, die nun Wasseranschluss hatten. Im Jahre 1881 passierte auch der berühmte französische Schriftsteller Jules Verne (1828–1905) mit seiner Dampfyacht den Kanal auf der Durchreise nach Kopenhagen: Sein Schiff war allerdings fast zu groß, Paul Verne, des Schriftstellers Bruder notierte: „In Rendsburg … befindet sich die erste Schleuse. Werden wir hindurch können? Auf den ersten Blick erscheint das zweifelhaft. Die Kammer erscheint zu kurz. Unsere Ungewissheit währte nicht lange, nach zwei Minuten liegt die Yacht in der Schleusenkammer, passt aber so knapp hinein, dass wir, um die folgenden, etwas kürzeren Schleusen passieren zu können, wirklich das Bugspriet einholen müssen, – eine mühsame, zeitraubende Arbeit, welche wir jedoch sofort vornehmen. Glücklicherweise brauchten wir die Galion am Vordersteven nicht zu opfern.“

Die große Zeit des Schleswig-Holsteinischen Canals oder Eiderkanals, wie er ab 1853 hieß, währte freilich nicht allzu lang, denn mit der Zeit begann im Schiffbau ein neue Ära: Größere Schiffe aus Eisen und mit Dampfmaschinen ließen den Bau von Frachtern zu, die nun keinesfalls mehr durch die künstliche Wasserstraße passten. Der alte Kanal war nicht mehr interna-

tional bedeutende Wasserstraße, sondern Nebenstrecke für Küstensegler. Ein neuer Kanal musste her: 1895 konnte dieser als Kaiser-Wilhelm-Kanal in Betrieb genommen werden. Seitdem ist er, der von Kiel über Rendsburg nach Brunsbüttel an der Elbe führt, die meistbefahrene künstliche Wasserstraße der Welt.

Der alte Eiderkanal verschwand mit dem neuen Bauwerk von der Bildfläche. Und doch zeugen noch heute in der Landschaft einige Relikte von der infrastrukturellen Pioniertat des 18. Jahrhunderts, die als Wunderwerk berühmt war: etwa ein an die zwei Kilometer langes Teilstück des Kanals bei Rathmannsdorf mit Schleuse, ein rund ein Kilometer langes Teilstück in Kleinkönigsförde und bei Kluvensiek etwa sechs Kilometer alten Kanals. Dort in Kluvensiek sind von der Schleusenanlage noch die schönen Gusseisenportale der Zugbrücke der Schleuse erhalten. Sie sind bis 1850 in der Rendsburger Carlshütte gefertigt worden.

Schleuse bei Knoop, Seidenstickerei aus dem Jahr 1820.

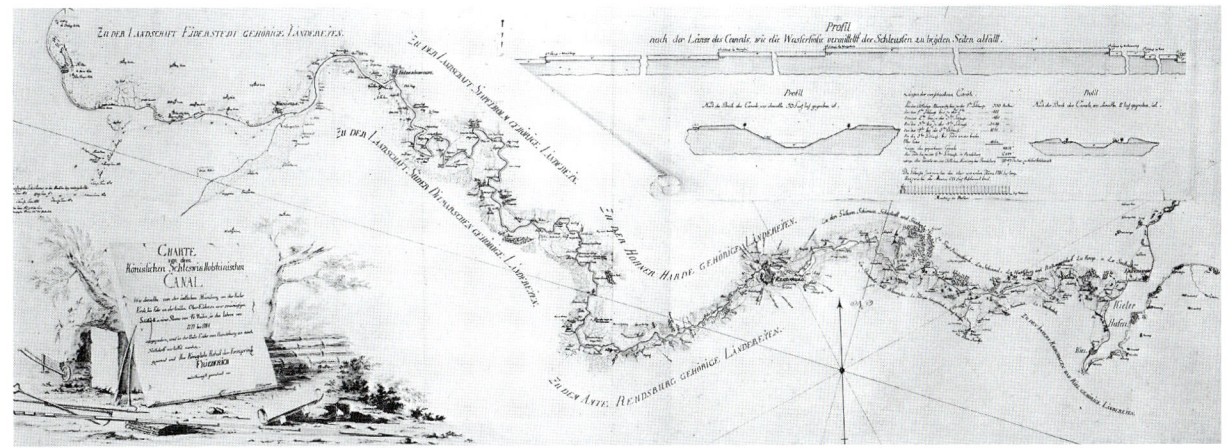

Der Kanalverlauf: Von Kiel bis Rendsburg nutzt die Wasserstraße weitgehend die Flussbette von Eider und Levensau.

Die kleine Stadt Tönning an der Mündung der Eider erhielt 1590 die Stadtrechte durch Herzog Adolf von Schleswig-Holstein-Gottorf verliehen, denn im Zusammenhang mit seinen Kanalplänen rückte der Ort an der Eidermündung in das Zentrum seiner Aufmerksamkeit: Das vorangegangene Jahrzehnt hatte er schon genutzt, um hier ein viertürmiges Renaissanceschloss zu bauen. Insofern war hier nicht nur der Wunsch nach fürstlicher Repräsentation allein wirksam, sondern strategische wirtschaftliche Überlegungen. Zum Kanalbau reichten die Gottorfer Kräfte freilich nicht aus. Und als der Kanal unter königlicher Regie 1783 fertig gestellt werden konnte, war das herzogliche Schloss schon wieder abgebrochen. Für Tönning allerdings hatte der Kanalbau entscheidende Folgen.

Zwar war Tönning schon im 16. Jahrhundert ein attraktiver Handelsplatz, nach den Wirren des Dreißigjährigen Krieges stieg der Ort als wichtige Festungsstadt zu einem militärischen Mittelpunkt der Gottorfer auf. Als Festung freilich zog sie auch feindliche Pfeile

Die größten Bauwerke an der Strecke des alten Eiderkanals waren die Packhäuser.

auf sich: Im Nordischen Krieg wurde der schwedische General Stenbock, der 1713 Altona in Flammen aufgehen ließ, mit seiner Armee in der Festung Tönning eingeschlossen. Stenbock kapituliert schließlich, die Stadt bleibt aber noch bis Februar 1714 belagert. Danach wird die Festung geschleift. Der Niedergang Tönnings setzte sich fort mit Missernten und schweren Sturmfluten, die an den Hafen- und Schleusenanlagen schwere Verwüstungen anrichteten.

Mit dem Eiderkanal dann endlich sollte sich das Blatt wenden, aus dem entmutigten Hafenstädtchen in relativer Randlage wurde nun ein attraktiver Handelsplatz. Bis auf den heutigen Tag steht am Tönninger Eiderhafen ein imponierendes, lang gestrecktes Speichergebäude, das zur Lagerung von Waren 1783 errichtet wurde. In Holtenau, dem anderen Endpunkt des Handelsweges, steht ein baugleicher Speicher, in Rendsburg eine verkleinerte Version. Das Tönninger Gebäude beeindruckt durch seine Abmessungen: Es ist 77 Meter lang, 13 Meter breit, hat drei Voll- sowie zwei Dachgeschosse. Da-

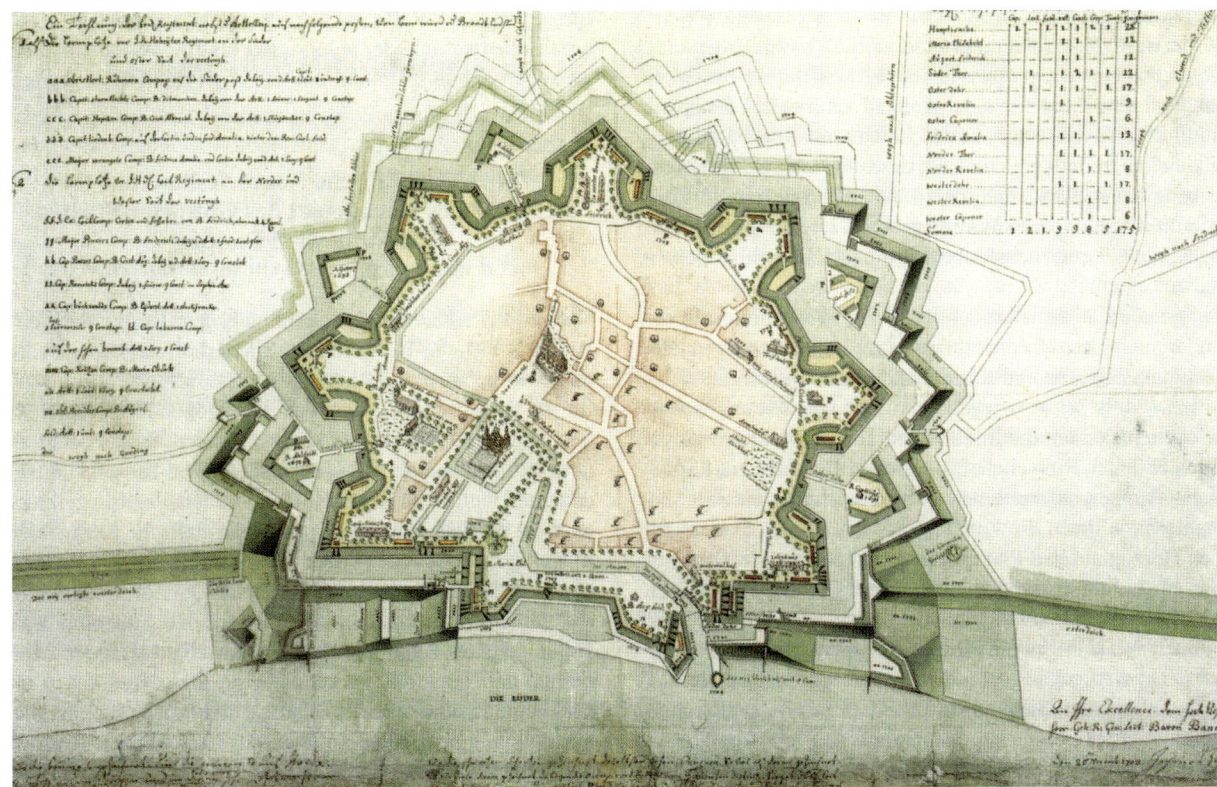

In der Regierungszeit des Gottorfer Herzogs Friedrich III. wurde Tönning zur Festung mit Wällen und Gräben und elf Bastionen ausgebaut. Sie wurde 1714 geschleift.

mit ergab sich eine Lagerfläche von etwa 4.000 Quadratmetern. Zur Verteilung der Güter im Gebäude waren Aufzüge und Laufkräne installiert. Erfahrene Tönninger Seeleute schlossen sich zu einer Lotsenbrüderschaft zusammen, Tönninger Händler und Handwerker profitierten nun beträchtlich.

Zudem sollte sich die „große Politik" in Gestalt der Napoleonischen Kriege, in die auch die Herzogtümer verwickelt wurden, für Tönning segensreich auswirken: Als im englisch-französischen Krieg 1803 die Elbe blockiert wurde, liefen die für Hamburg bestimmten Schiffe nun Tönning an. Hier wurde die Fracht verladen, auf Pferdefuhrwerke zur Weiterfahrt über Land oder auf flachgehende Lastensegler, die durch das Wattenmeer gingen und so die Elbblockade umschifften. Tönning war so zum Hafen Hamburgs geworden, die Stadt erwirtschaftete beträchtliche Überschüsse. Wenige Jahre später drehte sich der Wind, doch Tönning profitierte abermals: im November 1806 verhängte Napoleon die so genannte „Kontinentalsperre", eine Blockade über England. Dadurch sollte der Markt auf dem Kontinent für den Handel mit England unterbunden werden. Nun begann ein lebhafter Schmuggel mit Kolonialwaren über Helgoland nach Tönning.

Der dänische Gesamtstaat allerdings, und damit die Herzogtümer, geriet durch die Napoleonischen Kriege in Schwierigkeiten: Dänemark versuchte, neutral zu bleiben, dafür verbündete es sich mit Schweden, Preußen und Russland, geriet aber so zwischen die Interessen Napoleons einerseits und der Engländer andererseits. Die Engländer wollten die Dänen auf ihrer Seite sehen und griffen 1801 Kopenhagen an. Dann drohte Frankreich mit dem Einmarsch in das Königreich. Deshalb ging Kopenhagen auf London zu. Den Engländern dauerte alles zu lange, sie griffen Kopenhagen an und trieben Dänemark so an die Seite Napoleons. Ende 1813, im so genannten Kosakenwinter, kamen Truppen der Gegner Napoleons, Russen, Preußen, Schweden, ins Land. Es gab Gefechte bei Bornhöved und Sehestedt und Belagerungen von Glückstadt und Rendsburg. 1814 wurde Dänemark im Frieden von Kiel gezwungen, Norwegen an Schweden abzutreten und sich mit Truppen am Kampf gegen Napoleon zu beteiligen.

Für Tönning gab es in diesen Jahren noch einige, wenige gute Phasen: „Die Jahre 1808 und 1809 erbrachten noch einmal recht einträgliche Schmuggelfahrten der Tönninger Schiffer nach Helgoland", heißt es in der Tönninger Chronik. Und weiter: „Die von England besetzte Insel war voller englischer Ware, die zum Festland deklariert war. Ende 1809 transportierten auch neutrale amerikanische Schiffe Waren nach Tönning. Die Wiederbelebung des Handels war aber nur von kurzer Dauer. Scharfe Verbote machten den Schmuggel nach Helgoland schließlich nahezu unmöglich. – Die fetten Jahre der Stadt Tönning waren vorüber."

71

Dieser Blick macht die Gliederung der Flur durch künstlich angelegte Knicks deutlich.

Schleswig-Holstein ist ein bergarmes Land, da hilft es auch nicht, wenn es gleich zwei Schweizen gibt, eine Dithmarscher und eine Holsteinische. Berge sind meistens nicht einmal 100 Meter hoch und verdienen diesen Namen eigentlich kaum. Und sie sind in der Regel auch keine Schauplätze schleswig-holsteinischer Geschichte – der in diesem Buch als solcher vorgestellte Segeberger Kalk- oder Gipsberg ist die Ausnahmen, die diese Regel bestätigen. Allerdings bieten die Höhen im Osten des Landes, der Aschberg in den Hüttener Bergen etwa oder der Bungsberg als höchste Erhebung des Landes mit 168 Metern, hervorragende Aussichtspunkte auf die Landschaft. Und so, wie die Marschen im Westen des Landes ganz natürlich daherkommen und dennoch eine von Menschenhand gemachte Kulturlandschaft sind, so zeigt sich das von Knicks durchzogene östliche Hügelland ebenso als Kulturlandschaft:

Etwa 45.000 Kilometer Knicks, nach Otto Mensing ist ein Knick ein „mit Buschwerk bestandener Grenzwall zwischen zwei Feldern", ein „lebender Zaun, der jedes dritte oder vierte Jahr gekappt oder geknickt

wird", sind heute in Schleswig-Holstein erhalten und haben ihren Wert als eigenständige Lebensräume für Tiere und Pflanzen. Und dennoch sind sie ein vergleichsweise junges Phänomen in der Landschaft: Erstmals wurden sie von König Christian VI. (1699–1746) in seiner „Holtz- und Jagdverordnung" aus dem Jahr 1737 empfohlen. Holz war knapp in den Herzogtümern und wenn es lebende Zäune gibt, muss man keine aus Holz bauen. Gekappt oder geknickt, „auf den Stock gesetzt", wurden und werden sie, damit von unten her aus den Wurzeln immer neues, dichtes Buschwerk wächst, denn würden die Sträucher auf den Grenzwällen aus Erde und Stein sich zu Bäumen auswachsen, würden die Kronen das Land beschatten. Aufgabe des dichten Bewuchses nah am Boden ist es aber vielmehr, das Vieh auf der Koppel zu halten und den Humus auf den Feldern: Knicks schützen vor Wind und Erosion.

Knicks sind aber zugleich kulturhistorische Zeugnisse, die an die Entstehung privaten bäuerlichen Eigentums erinnern. Mensing hat in seiner Definition ja von Grenzwällen gesprochen. Die Knicks entstanden in einem engen Zusammenhang mit der so genannten Verkoppelung als Teil der Agrarreform in Schleswig und Holstein. Vordem waren Weiden, Wiesen und Äckern als gemeinschaftlich, genossenschaftlich bewirtschaftete Flächen eines Dorfes zu verstehen, das nicht einem Gut unterstand. Sie wurden von der Feldgemeinschaft bewirtschaftet. Nach und nach begann dann die Verkoppelung: in Angeln im 16. Jahrhundert, in Dithmarschen zu Anfang des 18. Jahrhunderts. Die Landesherrn sahen diese Entwicklung zunächst skeptisch, weil sie Steuermindereinnahmen befürchteten, aber das Gegenteil wurde Wirklichkeit: Der nicht mehr in der Feldgemeinschaft, sondern auf eigene Rechnung wirtschaftende Landmann hatte Interesse daran, soviel wie möglich von seinen Flächen herunterzuholen. Das überzeugte auch die Obrigkeit: 1766 erfolgte eine Verordnung über das Verkoppeln im Herzogtum Schleswig, ein Jahr darauf begann es im herzoglichen Anteil Holsteins, 1770 dann auch im königlichen Teil. Erst in der zweiten Hälfte des 19. Jahrhunderts war die Verkoppelung abgeschlossen. Sie war auch die Ursache für das Anlegen von Baumschulen im Land, denn der Bedarf an Sträuchern und Gehölzen für die als Grenzwälle angelegten

Verordnung zur Einkoppelung von 1766.

Knicks ließ sich in der benötigten Menge nicht mehr aus der Natur decken. Mit der Aufhebung der bäuerlichen Feldgemeinschaft wurde ebenso wie das urbare Land nun auch unkultiviertes Land wie Wald und Torfmoor aufgeteilt. Die Kolonisierung von Moor- und Heideflächen in Schleswig um 1760 durch Siedler aus Süddeutschland scheiterte, weil die schlechten Böden nur schlechte Ernten hergaben.

Parallel zum Prozess der Verkoppelung wurde mit den Agrarreformen zum 1. Januar 1805 auch die Leibeigenschaft aufgehoben. Im 16. Jahrhundert waren im Osten von Schleswig und Holstein große Besitzungen, adelige Güter, entstanden, auf denen die Bauern als Leibeigene arbeiten mussten und so an den Gutsherrn gebunden waren, dass sie ohne seine Erlaubnis nicht fortziehen durften. Der Gutsbesitzer übte gleichzeitig die Gerichtsbarkeit aus. In der Folge der Aufklärung und der Französischen Revolution wurde die Leibeigenschaft immer stärker in Frage gestellt. „Die Ritterschaft war peinlich berührt", so Christian Degn, „als auf dem Kieler Umschlag im Januar 1795 ein bürgerlicher Gutsbesitzer, F.O.V. Lawaetz in Bramstedt, seinen Standesgenossen die Aufhebung der Leibeigenschaft vorschlug und die Ritterschaft aufforderte, sich dem anzuschließen." Erst zehn Jahre später sollte aus der Fronarbeit auf den Gütern echte Lohnarbeit werden.

Anlegen eines Knicks. Stich von 1767.

*Das Itzehoer Ständehaus
entstand nach den Ent-
würfen von Christian
Friedrich Hansen.*

*Das Itzehoer Ständehaus
entstand nach den Ent-
würfen von Christian
Friedrich Hansen.*

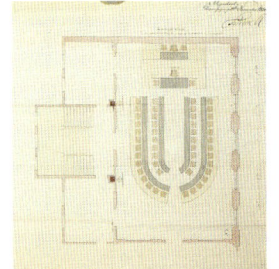

*Genehmigte Sitzordnung
in der Ständeversammlung
für Holstein.*

Vor 170 Jahren war Itzehoe ein beschauliches Städtchen: Etwa 5.500 Menschen lebten in dem Ort, der im
Wesentlichen auf einer ovalen Insel lag, die durch den
geschlängelten Lauf der Stör gebildet wurde. Die Kom-
mune hatte 669 Häuser, von denen eigentlich nur 416
zur eigentlichen Stadt, die sich nach lübschem Recht regierte, gehörten, „während 167 Häuser der klösterli-
chen Obrigkeit unterstanden, 62 dem Oberinspektorat
von Breitenburg untergehörig waren und 24 Häuser unter Burgrecht standen," so Friedrich Priewe. Hier galten
vier Rechtssysteme mit vier Verwaltungsspitzen. Keine
besonders guten Voraussetzungen also, um überörtliche
Entwicklungen zu prägen.

Und dennoch: In der Mitte des 19. Jahrhunderts
rückte Itzehoe für einige Jahre in das Zentrum des politischen Geschehens. Der Sylter Landvogt Uwe Jens
Lornsen hatte mit seiner 1830 erschienen Schrift
„Ueber das Verfassungswerk in Schleswigholstein" er-
hebliche Unruhe in Kopenhagen wie in den Herzogtümern ausgelöst, indem er die Umwandlung des dänischen Gesamtstaates unter Einschluss der Herzogtümer in eine echte Doppelmonarchie forderte. Lornsen
wurde flugs seines Amtes enthoben und in Festungshaft
genommen. König Friedrich VI. nahm allerdings wahr,
dass die Untertanen sich zunehmend emanzipierten und
politische Mitwirkungsmöglichkeiten forderten. Vor

allem auch unter dem Eindruck der französischen Juli-
revolution von 1830 handelte der König, um den Druck
auf ihn zu mildern: Er berief vier Ständeversammlungen ein, zwei für Dänemark, eine für Holstein und eine
für Schleswig. Gleich nach dem Gesetz von 1831, mit
dem Friedrich VI. die Einrichtung der Provinzialstände
verfügt hatte, begann die Suche nach geeigneten
Sitzungsorten. Die schleswigsche Ständeversammlung
sollte in Schleswig tagen. Für die holsteinische hätte
sich Kiel angeboten: Der Ort wäre politisch richtig gewesen und Versammlungslokale hätten sich wohl auch
finden lassen. Allein: „Weil der Zeitgeist in Kiel," so
Graf Otto Blome aus Heiligenstedten in einem Brief an
Friedrich VI., „als Vereinigungspunkt so vieler theore-
tischer und nur zu oft durch unbegrenzte Eigenliebe
verschrobener Köpfe mehr wie anderswo Stoff und
Nahrung fände," sei Kiel ungeeignet. Und in der Tat, die
Regierung hegte starke Bedenken gegen Kiel, das von
Kopenhagen aus gesehen als Hochburg deutsch-natio-
naler Bestrebungen wahrgenommen wurde – nicht zu-
letzt, weil die Universität engagierte Professoren hatte
und in der Stadt ein selbstbewusstes Bürgertum lebte.
Wie anders war es da in Itzehoe. Carl Friedrich Jäger-
mann rühmte 1838 „die Friedfertigkeit und Geselligkeit
der hiesigen Einwohner. Alle scheinen, mit wenigen
Ausnahmen, nur eine Familie auszumachen. Jeder Bür-

ger und Einwohner kennt seine Pflicht und fügt sich den gesetzlichen Vorschriften, weshalb denn auch das Thun und Wirken hieselbst nicht, wie es in vielen anderen Städten der Fall ist, von der immer thätigen Polizey bewacht und belauscht werden darf." So hatte der König offensichtlich gut daran getan, das Städtchen Itzehoe als Standort für die holsteinische Ständeversammlung zu bestimmen. Bürgermeister und Gremien der Stadt wollten das Parlament unbedingt in die Stadt holen und ließen zum Zwecke des Baus eines Ständesaales das mittelalterliche Rathaus des Ortes abbrechen. Nach Entwürfen von Christian Friedrich Hansen sollte der Neubau neben dem Itzehoer Rathaus von 1695 aus dem Boden gestampft werden.

Am 1. Oktober 1835 trat die erste moderne parlamentarische Versammlung auf holsteinischem Boden zu ihrer ersten Sitzung zusammen. Die Abgeordneten schritten, paarweise und feierlich, von der St.-Laurentius-Kirche zum Markt. Im Ständesaal dann gehorchten sie einem strengen Protokoll: Die zum Teil gewählten, zum Teil ernannten 48 Abgeordneten – Selbstständige, Beamte, Grundbesitzer – nahmen auf ihren Sesseln Platz, die nach königlicher Genehmigung in einem gestreckten, doppelten Halbrund angeordnet waren. Die Wahlen zu dieser Versammlung waren freilich nicht wie heute allgemein, unmittelbar, frei, gleich und geheim, sondern an einen hohen Zensus gebunden. Wahlberechtigt war, wer als Bürger einer Stadt Liegenschaften besaß von über 1.200 Reichsbanktalern Steuerwert. Auf dem Land war Besitz von mehr als 3.200 Reichsbankta-

Der Marktplatz von Itzehoe 1835. Links im Vordergrund das Rathaus von 1695, daneben das Ständehaus. Dahinter die Wache der Garnison. Die Kirche am Marktplatz diente 1835 teils als Heumagazin, teils als Gefängnis.

ler Brandversicherungswert erforderlich, um wählen zu dürfen. Von den etwa 5.500 Einwohnern Itzehoes beispielsweise waren nur 106 wählbar, nur 231 Itzehoern war es erlaubt, überhaupt eine Stimme abgeben.

Den neuen Ständeversammlungen in Holstein und Schleswig, diese traten 1836 erstmals zusammen, hatten im Wesentlichen die Aufgabe, Gesetzentwürfe beratend zu diskutieren, die Eigentums- und Steuerfragen betrafen. Außerdem waren Petitionen zu prüfen und Beschlüsse zu kommunalen Angelegenheiten zu fassen, die für ihre Wirksamkeit freilich der Genehmigung des Königs bedurften. Die Ständeversammlungen in Holstein wie in Schleswig lösten sich im August und im Dezember 1846 aus Protest auf, als der dänische König Christian VIII. versuchte, über eine geänderte Verfassung das Herzogtum Schleswig Dänemark einzuverleiben. Jetzt halfen keine Worte mehr.

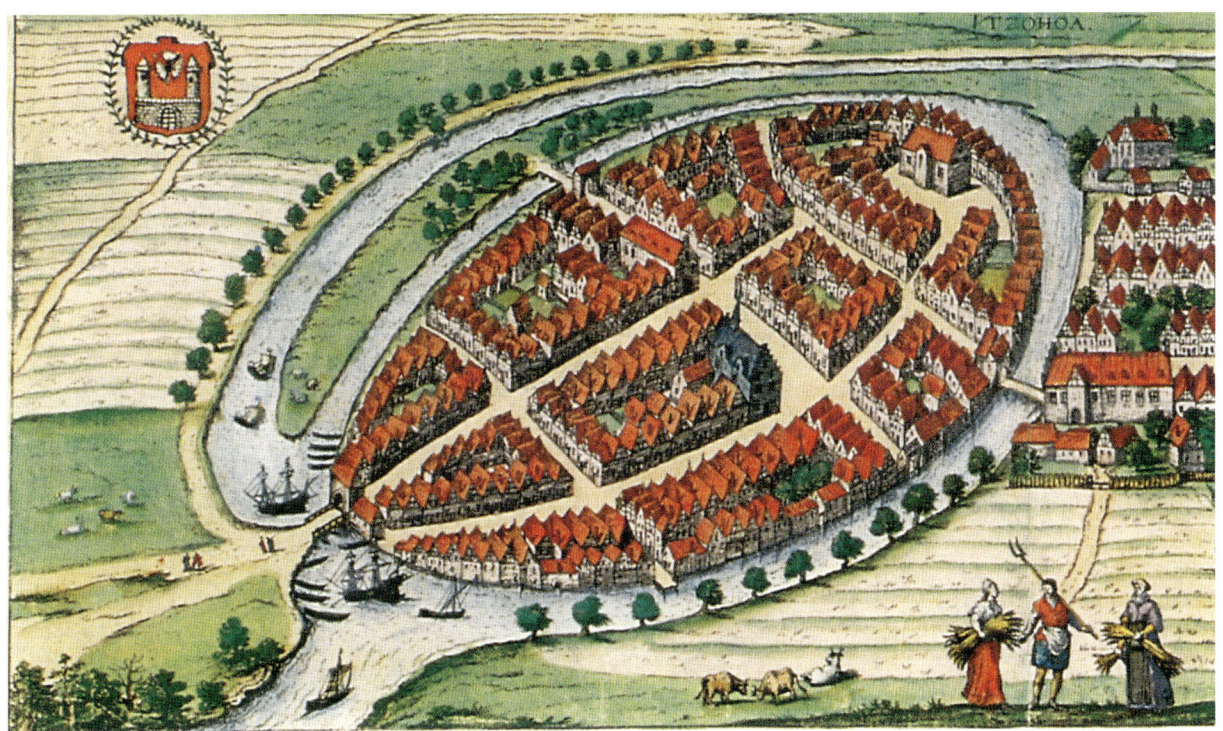

Der größte Teil Itzehoes, die Neustadt, war von einer Schleife der Stör umschlossen. Ausschnitt aus einer Radierung von Franz Hogenberg, 1588.

Die Idstedt-Halle von 1880 erinnert an die Schlacht bei Idstedt, in der am 25. Juli 1850 die Schleswig-Holsteiner unterlagen.

Seit dem Austauschvertrag von Zarskoje Selo aus dem Jahr 1773 war die dänische Herrschaft über Schleswig und Holstein gesichert, doch die „Ruhe im Norden" währte gerade einmal einige Jahrzehnte. Schon 1830 forderte der Sylter Landvogt Uwe Jens Lornsen (1793–1838) die Trennung der Verwaltung der Herzogtümer von der dänischen Krone. Sogleich wurde er seines Amtes wieder enthoben und festgesetzt. In der Bevölkerung fand er kaum Resonanz, enttäuscht nahm er sich das Leben. Aber mit den Jahren erwachte auch in den Herzog-

tümern der Wunsch nach Freiheit und nationaler Selbstbestimmung. Im Sommer 1844 wurden Feste gefeiert, die sich in politische Manifestationen verwandelten: Die Friesen versammelten sich in Bredstedt und bekannten sich zu Schleswig-Holstein und Deutschland. Beim ersten großen Sängerfest in Schleswig versammelten sich 14.000 Menschen – hier wehte erstmals die blau-weiß-rote Trikolore, hier wurde erstmals das Schleswig-Holstein-Lied gesungen.

Die Revolution in Paris im Februar 1848 löste nun in ganz Europa revolutionäre Bewegungen aus. Auch im dänische Gesamtstaat wirkten die Signale aus Paris beflügelnd: In Kopenhagen forderten die Nationalliberalen nun einen Anschluss Schleswigs an Dänemark, in Rendsburg traten die Vertreter der beiden Ständeversammlungen zusammen und forderten eine gemeinsame Verfassung für Schleswig-Holstein und die Aufnahme Schleswigs in den Deutschen Bund. Beides war miteinander unvereinbar. Der dänische König gibt denen Auftrieb, die ein Dänemark bis zur Eider wollen, in Kiel versammeln sich im Rathaus die führenden Bürger aus den Herzogtümern um den Schleswiger Advokaten Wilhelm Hartwig Beseler. Am 24. März, mitten in der Nacht, verliest Beseler vor dem Rathaus die Proklamation, mit der eine „Provisorische Regierung" die Gewalt

Schleswig-holsteinische Truppen reisen am 24. März 1848 ungehindert nach Rendsburg und nehmen die Festung kampflos ein.

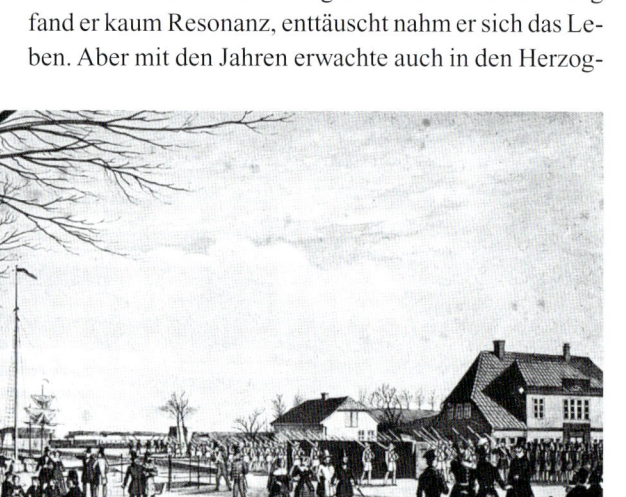

übernimmt. Noch am Morgen des 24. März fährt eine Gruppe von Soldaten, Kieler Turnern und Studenten unter der Führung des Prinzen von Noer per Eisenbahn ungehindert in die Festung Rendsburg ein und nimmt auf dem Paradeplatz die Kapitulation des dänischen Generals, der die Festung befehligt, entgegen. Aus dänischer Sicht ist das Aufruhr. Beseler versucht, einen Krieg zu vermeiden, indem er fordert, das Volk möge abstimmen, ob es zu Dänemark oder Deutschland gehören will: „… wir werden seinem Willen keinen Zwang anthun!"

Das Angebot verhallt unerwidert. Das bedeutet Krieg. Nach einem ersten Gefecht bei Bau nordwestlich von Flensburg wird deutlich, wie bekannt die Sache in Deutschland nun schon geworden ist: Freiwillige melden sich, der Deutsche Bund erkennt die Provisorische Regierung an und der Preußenkönig – er hat eine Revolution im eigenen Land – schickt 12.000 Mann unter dem Oberbefehl des Generalleutnants von Wrangel. Es gibt Kämpfe bei Schleswig und in Oeversee, aber Wrangel dringt bis Jütland vor. Die europäischen Großmächte haben allerdings in diesen labilen Zeiten, in denen überall revolutionäre Bewegungen die Verhältnisse erschütterten, kein Interesse an einer großen nordeuropäischen Auseinandersetzung. Sie erzwingen einen Waffenstillstand zwischen Dänemark und Preußen, das im Auftrag des Deutschen Bundes handelte. In der Folge dieses Waffenstillstandes wurde die Provisorische Regierung abgelöst durch eine Gemeinsame Regierung, deren Mitglieder durch Dänemark und Preußen ernannt wurden. Im März 1849 kündigte Dänemark den Waffenstillstand in der Hoffnung, dass es Schleswig mit Dänemark verbinden könnte, wenn es seine Ansprüche auf Holstein und Lauenburg aufgeben würde. Die Gemeinsame Regierung trat sofort zurück, der Krieg begann abermals. In der Eckernförder Bucht flog das dänische Linienschiff „Christian VIII." in die Luft, die deutschen Truppen eroberten die Düppeler Schanzen. Im Juli 1849 nahm die Entwicklung die entscheidende Wende. Wieder waren es die europäischen

Großmächte, die vor einer weiteren Eskalation der Gewalt warnten. Unter britischer Vermittlung kam es am 10. Juli 1849 wieder zum Waffenstillstand, ein Jahr später zum Berliner Frieden, mit dem die Integrität des dänischen Gesamtstaates anerkannt und Schleswig einer dänisch-preußischen Kommission unterstellt wurde. Die Schleswig-Holsteiner waren geschockt und fühlten sich verraten.

Auf eigene Faust wollten sie nun weiterkämpfen, ohne Unterstützung durch die Preußen. So kam es am 25. Juli 1850 bei Idstedt zur entscheidenden Niederlage der Schleswig-Holsteiner. „Schlechter Nachrichtendienst, sich widersprechende Befehle, die ganze Unsicherheit in der Heeresführung, bis dann die Flucht hinter die Wälle von Rendsburg erfolgte – das alles kam zusammen", schrieb Otto Brandt, „um die blutigste Schlacht, die in neuerer Zeit nördlich der Elbe geschlagen wurde, zu einer folgenschweren Niederlage für die Schleswig-Holsteiner zu machen." Verloren hatten aber alle Beteiligten: Die aus dänischer Sicht entscheidenden Streitpunkte blieben ungelöst, die Verluste waren jedoch hoch gewesen. Die Schleswig-Holsteiner konnten keine ihrer Forderungen durchsetzten. Mit dem Jahreswechsel 1850/51 war der Bürgerkrieg beendet, der unabhängige Staat Schleswig-Holstein hatte nach gut drei Jahren aufgehört zu existieren.

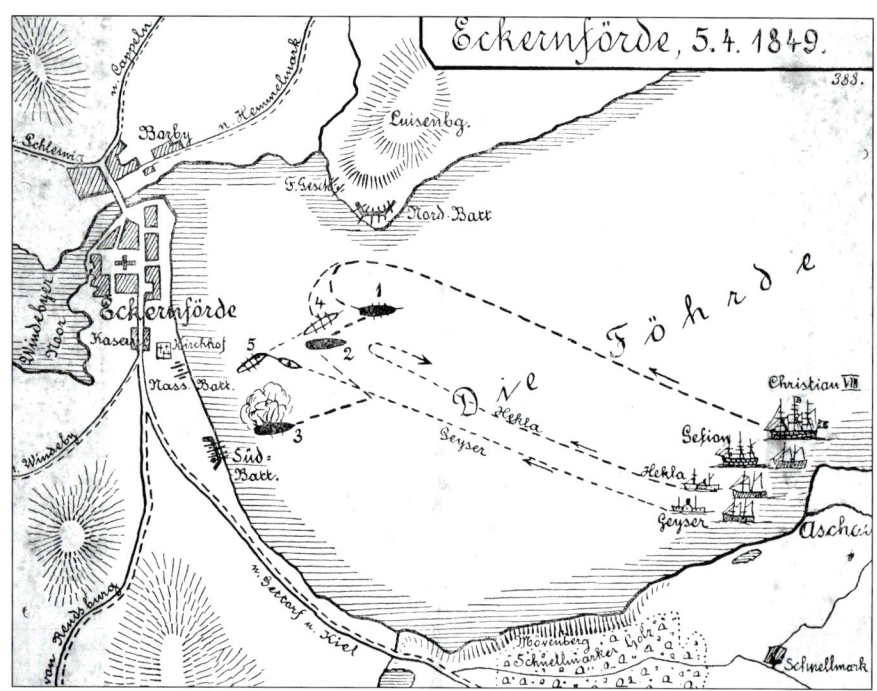

Wenn David gegen Goliath gewinnt, dann schreibt sich das tief in das kollektive Gedächtnis vor allem derjenigen ein, die scheinbar zum Scheitern verurteilt waren und dennoch einen Sieg erringen konnten. Auch in Schleswig-Holstein gab es solche Konstellationen, die bis auf den heutigen Tag nicht vergessen sind: Das gilt für die Schlacht bei Hemmingstedt im Februar des Jahres 1500, als sich die Republik Dithmarschen gegen die Fürsten wehrte. Und das gilt auch für den 5. April 1849, als die Eckernförder Bucht zum Schauplatz eines spektakulären Seegefechts wurde.

Während der Großteil der schleswig-holsteinischen Truppen im Frühjahr 1849 im Landesteil Schleswig stand, lagerten die Preußen und die Kräfte des Norddeutschen Bundes, die den Schleswig-Holsteinern zu Hilfe kommen sollten, südlich der Eider. Es gehörte nun zur dänischen Strategie, mindestens einen Teil der gegnerischen Truppen bei Eckernförde durch Ablenkungsmanöver zu binden: Die Dänen wollten eine Landung in der Eckernförder Bucht vortäuschen und die Stadt im günstigsten Fall einnehmen. Ein Flottenverband mit dem Linienschiff „Christian VIII.", der Fregatte „Gefion", weiteren Dampfschiffen und Yachten lief am 5. April 1849 auf Eckernförde zu, das durch zwei Strandbatterien geschützt war. Den Geschützen dieser Stellungen kamen die Schiffe zu nahe, sie wurden von Land her unter Beschuss genommen. Nun stand der Wind für die großen Segler ungünstig, und Masten und Takelage waren durch Beschuss beschädigt. Die „Gefion" musste die Flagge streichen und aufgeben. Auf dem großen Linienschiff ließ man Segel setzen, um die Eckernförder Bucht zu verlassen. Aber zu spät: Es wurde mit glühenden Kugeln beschossen und fing Feuer. Der Kapitän und Teile der Mannschaft verließen das Schiff. Am Ende hatte das Feuer die Pulverkammer erreicht und die „Christian VIII." flog am Abend spektakulär in die Luft. Über hundert Soldaten hatten den Tod gefunden, mehr als 900 Dänen gerieten in Kriegsgefangenschaft. In der Stadt Eckernförde waren etwa 100 Häuser durch die Kampfhandlungen beschädigt worden. Militärisch gesehen war das Seegefecht von Eckernförde eher von geringerer Bedeutung. Die psychologische Wirkung war allerdings ungeheuer: Die Dänen waren entmutigt. Auf deutscher Seite verbreitete sich die Nachricht vom Ende des stolzen Linienschiffes in Windeseile und wurde in der Folgezeit geradezu mythisch überhöht.

Gleich von 1848 an wurden in Schleswig und Holstein nicht nur Landstreitkräfte aufgestellt, „die Anstrengungen der Herzogtümer galten gleichermaßen dem Aufbau einer schlagkräftigen Marine, die von 1848 bis 1852 als eigenständige Seestreitkraft existierte", so Gerd Stolz. Auf diese schleswig-holsteinische Marine geht übrigens die moderne U-Boot-Technik zurück. Als im Rahmen der Truppen des Deutschen Bundes, die den Schleswig-Holsteinern gegen Dänemark beistehen sollten, auch das Königreich Bayern ein Hilfskorps nach Norden entsandte, kam der Drechslergeselle Wilhelm Bauer (1822–1875) als Soldat nach Schleswig-Holstein. Er hatte an dem Angriff der Truppen des Deutschen Bundes am 13. April 1849 auf die Düppeler Schanzen teilgenommen. Bei diesem Angriff, so erinnerte er sich später, hatte Bauer die Idee, die Brücke über den Alsensund zu sprengen, um den dänischen Truppen Nachschub wie Rückweg auf die Insel Alsen abzuschneiden. An die Brücke, so dachte er, wollte er unbemerkt mit einem Tauchboot kommen. Im Sommer 1849 kehrten die Bundestruppen nach dem Waffenstillstand zwischen Dänemark und Preußen wieder in ihre Kasernen zurück. Aber Bauer hatte Schleswig-Holstein nicht losgelassen. Nach seiner Entlassung aus der bayerischen Truppe trat er in die schleswig-holsteinische Armee ein und schlug der schleswig-holsteinischen Marine den Bau eines Unterseebootes vor. Allerdings standen dazumal keine Mittel für den Bau des „unterseeischen Zerstörungswerkzeugs" zur Verfügung.

Aufgeschoben war aber nicht aufgehoben: Nach der Schlacht bei Idstedt am 25. Juli 1850, in der den schleswig-holsteinischen Verbänden eine vernichtende Niederlage beigebracht wurde, griff das Marinekommando Bauers Projekt eines „Brandtauchers" wieder auf. Mit

Neuruppiner Bilderbogen „Das merkwürdigen Jahr 1849": Explosion der Christian VIII."

Spendenmitteln sollte das Unternehmen finanziert werden. Je nachdem, wie die Spenden flossen, gestaltete sich auch der Baufortschritt. Stück für Stück entstand in der Kieler Maschinenfabrik und Eisengießerei Schweffel & Howaldt das acht Meter lange erste deutsche Tauchboot. Das Boot hatte keinen Motor, sondern sollte durch zwei menschenbetriebene Treträder angetrieben werden. Allerdings lag kein Segen auf dem Vorhaben: Am 23. Dezember 1850 versank es und konnte wieder gehoben werden. Am 1. Februar 1851 unternahm Bauer mit zwei weiteren Männern einen ersten Tauchversuch in der Kieler Förde, bei dem das Boot außer Kontrolle geriet und erneut sank. Nach über sechs Stunden konnten die drei Pioniere das gesunkene Boot verlassen und tauchten an der Oberfläche der Förde wieder auf. Das Boot musste freilich in gesunkenem Zustand an die Marine übergeben werden – erst 1877 konnte es gehoben werden, seither ist es ein Museumsstück.

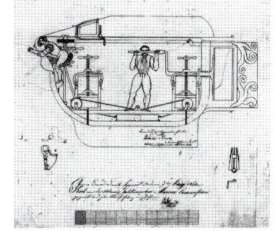

Tauchboot mit Muskelantrieb, Zeichnung von Wilhelm Bauer 1850.

„Stapellauf" des Brandtauchers am 18. Dezember 1850 bei Schweffel & Howaldt in Kiel.

Blick von der Höhe bei der Düppeler Mühle, die zum Wahrzeichen geworden ist.

Eroberte dänische Kanone in den Düppeler Schanzen.

(1815–1898) blieb ohne Erfolg. Er hatte eigene Ziele, die allerdings weder die Dänen noch die Schleswig-Holsteiner durchschauen konnten: Bismarck wollte die Herzogtümer Preußen einverleiben. Wie nebensächlich sagt er am 31. Dezember 1863 beim Silvesterpunsch zu Freunden: „Die „Up-ewig-Ungedelten" müssen einmal Preußen werden. Das ist das Ziel, nach dem ich steuere; ob ich es erreiche, steht in Gottes Hand. Die Halsstarrigkeit der Dänen wird uns wahrscheinlich verschaffen, was wir brauchen, nämlich den Kriegsfall."

Und tatsächlich: Schon am 28. Dezember 1863 hatten Preußen und Österreich im Bundestag an Dänemark appelliert, die eiderdänische Verfassung vom November zurückzunehmen. Sollte dies nicht geschehen, würde der Deutsche Bund Schleswig als Pfand nehmen. Holstein und Lauenburg waren schon einige Tage vorher durch sächsische, hannoversche, preußische und österreichische Truppen besetzt worden. Der dänische König reagierte auf den Appell nicht und Bismarcks Wunsch ging in Erfüllung: Am 1. Februar 1864 überschritten preußische und österreichische Soldaten, etwa 56.000 Mann, unter der Führung von Wrangels die Eider. Die Preußen steuerten Missunde an der Schlei an, die Österreicher rückten gegen das Danewerk vor. Die Dänen hatten das geschichtsträchtige, mittelalterliche Bauwerk von hohem Symbolgehalt als befestigtes Bollwerk Dänemarks gen Süden noch verstärkt. Während die Preußen nun bei Arnis über die Schlei setzten, befahl der dänische Oberbefehlshaber in Schleswig die Räumung des Danewerks. Die Dänen zogen sich bei Eis und Schnee nach Norden zurück – für die dänische Öffentlichkeit war das Zurückweichen ein Schock. Allerdings war so sichergestellt, dass die dänischen Truppen sich ohne Verluste in die Verteidigungsstellungen Düppel am Alsensund und Fredericia auf Fünen zurückziehen konnten, um einen Angriff der Deutschen auf die Inseln abzuwehren.

Düppel ist der auf dem Festland liegende Teil Son-

Auch nach der schleswig-holsteinischen Erhebung war der politische Streit vor allem um Schleswig nicht dauerhaft gelöst. Im Grunde war in den internationalen Vereinbarungen der Jahre 1851 und 1852 der Keim für eine weitere Konfrontation schon gelegt. Und tatsächlich: als am 15. November 1863 der dänische König Friedrich VII. starb, begannen die jeweiligen politischen Entwicklungen wieder wie Züge aufeinander zuzurasen: Schon einen Tag später erhob Herzog Friedrich von Augustenburg Anspruch auf die Herzogtümer, er bildete eine Regierung und wählte sich Kiel als Residenz. Am 18. November unterschrieb der neue dänische König Christian IX. die Verfassung, die ein Dänemark bis zur Eider vorsah. Eine erste Kontaktaufnahme der Schleswig-Holsteiner, die sich nun wieder mit Waffengewalt gegen die Dänen wenden wollten, beim preußischen Ministerpräsidenten Otto von Bismarck

Düppel, Schanze Nr. 4 auf der Nordseite.

derburgs am Alsensund. Auf den Düppeler Höhen, wo es schon 1849 Kriegshandlungen gegeben hatte, lag die „Flankenverteidigungsstellung", die allerdings nicht in besonders guten Zustand war. Dennoch wagten die Preußen wegen enorm schlechten Wetters zunächst keinen Versuch, an Düppel vorbei über den Sund nach Sonderburg zu kommen. Vielmehr schlossen sie den Brückenkopf ein und beschossen die Stellung mit Belagerungsgeschützen. Nachts ließen sie Zickzack-Gräben ausheben, durch die die Angreifer geschützt möglichst dicht an die gegnerische Stellung herankommen wollten. Am 18. April war es soweit: Seit vier Uhr morgens feuerte die Artillerie in die Stellung. Um zehn Uhr erstarb der Kanonendonner und die preußische Infanterie stürmte auf die Schanzen zu. Um zwölf Uhr Mittags war im Kampf Mann gegen Mann die letzte Schanze erobert. „Ein großer Sieg war errungen", schrieb Theodor Fontane, der als Kriegsberichterstatter vor Ort war, und: „das schleswigsche Festland vom Feinde frei, dieser selbst, wenigstens in jenem Theil seines Heeres, das an diesen Tage gefochten hatte, war zertrümmert. Seit dem glorreichen 18. Juni 1815 hatte Preußen keinen Tag erlebt wie diesen. Der Dank brach in Thränen aus und in Gebet."

Der nächste Tag, so schrieb es Fontane, „gehörte den Toten." Auf preußischer Seite waren 1.200 Mann verwundet oder gefallen, auf dänischer Seite 17.000. Dazu wurden 3.400 Dänen gefangen genommen.

Der dänische König muss zugunsten Preußens und Dänemarks auf Schleswig, Holstein und Lauenburg verzichten. „Die Niederlage, welche die Dänen den preußischen und österreichischen Einheiten gegenüber hinnehmen mussten", so schrieb Inge Adriansen, „führte zum härtesten Frieden in der Geschichte Dänemarks." Immerhin musste der dänische Gesamtstaat ein Drittel seines Territoriums mit 40 Prozent seiner Bevölkerung abgeben. Schleswig und Holstein wurden nach 400 Jahren aus ihrer Verbindung mit Dänemark gelöst.

Schanze Nr. 6 mit einem Verbindungslaufgraben nach Schanze 5 (vorne links).

Auf dem Aschberg bei Ascheffel, der mit 98 Metern zweithöchsten Erhebung in den Hüttener Bergen, hat Bismarck seinen letzten Standort gefunden. Erst 1930 ist die monumentale sieben Meter hohe Bronzestatue, die den preußischen Ministerpräsidenten und Kanzler des Deutschen Reiches von 1870 darstellt, hier aufgestellt worden. Allein das Schwert des Kanzlers misst vier Meter.

Die Figur ist gewiss das eindrucksvollste Bismarckdenkmal in Schleswig-Holstein und steht doch etwas versteckt: Nicht so präsent im Alltag wie etwa der Hamburger Bismarck. Noch dazu war der Aschberg nicht der erste Standort des Standbildes, vielmehr endete hier eine Odyssee, die symbolhaft vor Augen stellt, wie es sich verhielt zwischen Schleswig-Holstein und Preußen. Seit 1894 versammelten sich die deutschen Nordschleswiger auf dem Knivsberg bei Apenrade über der Genner-Bucht zu Volks- und Sportfesten. Im Jahre 1901 wurde auf dem Berg ein monumentaler, 45 Meter hoher Feldsteinturm errichtet, an dessen Fuße der bronzene Bismarck wachen sollte. Als nach dem Ersten

Weltkrieg in Nordschleswig eine Volksabstimmung über die Grenzziehung stattfinden sollte, wurde der Bismarck 1919 nach Rendsburg gebracht, der Turm wurde nach dem Kriegsende 1945 gesprengt. Von Rendsburg aus brachte man die Statue nach Ascheffel, wo sie in einer Scheune besichtigt werden konnte. Streitigkeiten über den künftigen Standort führten die Plastik zunächst nach Kiel und dann auf den Scheersberg in Angeln. Der dortige Landrat verbot dann die Aufstellung der Figur. Daraufhin wurde sie zum Aschberg gebracht und dort wieder aufgerichtet.

Das Verhältnis der Schleswig-Holsteiner zu Preußen war ambivalent. Zwar wurde der Sieg von Düppel gefeiert, doch bei den Schleswig-Holsteinern machte sich schnell Ernüchterung breit: An einem eigenständigen Staatsgebilde unter der Führung der Augustenburger war Bismarck 1864 keinesfalls gelegen. Er hatte ja schon vor dem Waffengang gesagt, die „Up-ewig-Ungedeelten" müssten einmal Preußen werden, und schließlich hatte der preußische Ministerpräsident noch ein anderes Ziel im Auge: die Gründung des Deutschen

Blick vom Aschberg in den Hüttener Bergen. Knicklandschaft unter wolkenbefahrenem Himmel.

die Österreicher den Augustenburger, der als Friedrich VIII. Herzog von Schleswig-Holstein sein wollte, frei schalten und walten. Sonderrechte erlaubten es den Preußen, 1865 ihre Marinestation in das österreichisch verwaltete Kiel zu verlegen. Ein Jahr später eskalierten diplomatische und politische Plänkeleien, auf Antrag Österreichs machten die nichtpreußischen Bundestruppen mobil. Daraufhin erklärte Preußen den Deutschen Bund für aufgelöst – wieder einmal sollten die Waffen sprechen. Aus dem preußisch-österreichischen Krieg ging Preußen nach der Schlacht bei Königgrätz am 3. Juli 1866 siegreich hervor; die Machtfrage innerhalb Deutschlands war zugunsten Preußens entschieden. Innerhalb Schleswig-Holsteins aber auch: Denn durch einen Beschluss des preußischen Abgeordnetenhauses und eine Proklamation des preußischen Königs wurde Schleswig-Holstein als Provinz Preußen einverleibt: „Durch das Patent, welches ich heute vollzogen habe, vereinige Ich Euch, Einwohner der Herzogthümer Holstein und Schleswig, mit Meinen Unterthanen, Euren Nachbarn und Deutschen Brüdern", erklärte König Wilhelm I. Erster Oberpräsident der Provinz wurde Baron Carl von Scheel-Plessen, der in das Kieler Schloss einzog. Bismarck hatte die Schleswig-Holsteiner zu Werkzeugen seiner Politik gemacht. Diese dankten es ihm durch unterkühlte Zuneigung.

Die sieben Meter hohe Bronzeplastik, die Otto von Bismarck darstellt, gelangte nach dem Zweiten Weltkrieg nach einer Irrfahrt auf den Aschberg.

Bismarck-Nationaldenkmal auf dem Knivsberg bei Apenrade in Nordschleswig, Zustand 1901 bis 1919.

Reiches. Da kam ihm die Gelegenheit recht, die „Ruhe im Norden" auf seine Weise wiederherzustellen, indem er den König von Dänemark als Landesherrn von Holstein aus dem Deutschen Bund drängte. Nun musste er noch seinen Verbündeten von 1864, Österreich nämlich, aus dem Feld schlagen. Dafür sollte ihm Schleswig-Holstein das richtige Instrument sein:

Nachdem 1864 die Dänen bei Düppel besiegt worden waren, legte der Wiener Friede fest, dass die Herzogtümer von den Siegern gemeinsam verwaltet werden sollten. Doch schon bald mussten Streitigkeiten geschlichtet werden. Preußen und Österreich einigten sich darauf, dass Schleswig vom preußischen Gouverneur von Manteuffel regiert wurde und Holstein vom österreichischen Gouverneur von Gablenz. Rendsburg sollte Bundesfestung werden, Kiel Bundeshafen. Das Herzogtum Lauenburg sollte an Preußen gehen, Österreich wurde dafür finanziell entschädigt. Und dennoch misstrauten die Sieger von 1864 einander: In Holstein ließen

Bei Holtenau mündet der Nord-Ostsee-Kanal in die Kieler Förde. Die Zu- und Ausfahrt der Kanalschiffe wird über Schleusenanlagen geregelt.

Die Stadt, die in Schleswig-Holstein ihr Gesicht in preußischer Zeit am stärksten verändert hat, ist Kiel; die tiefste Spur, die die Preußen in Schleswig-Holstein gegraben haben, ist eine Wasserstraße. Und beide Veränderungen stehen in einem engen Zusammenhang: Schon gleich nach dem Sieg über Dänemark bei Düppel schuf Bismarck Fakten. Er verlegte 1865 die Marinestation von Danzig nach Kiel – dieses Datum gilt heute als „zweite Gründung" Kiels. Zunächst wurde die Fördestadt Kriegshafen des Norddeutschen Bundes, dann, nach der von Bismarck betriebenen Reichsgründung 1871 wurde Kiel neben Wilhelmshaven zum Reichskriegshafen ernannt. Das Deutsche Reich kämpfte nun um seine Stellung als Großmacht in Europa. In Konkurrenz vor allem mit Großbritannien war der Aufbau einer Flotte das bevorzugte Instrument, um den deutschen Großmachtanspruch zu untermauern. Im Jahre 1883 wurden in Berlin die rechtlichen Voraussetzungen dafür geschaffen, dass die Marine in Kiel freie Hand erhielt, sich zu Wasser und zu Lande auszudehnen, wie sie es für erforderlich hielt.

Mit der Marine wuchs die Stadt Kiel gewissermaßen über Nacht. Hatte der Ort um 1850 etwa 16.000 Einwohner, so waren es um 1905 zehnmal so viele. „Es kamen vor allem Werftarbeiter und einfache Soldaten mit ihren Familien, aber auch Beamte, Offiziere und Professoren", so Jürgen Jensen. Und: „Seit dem ausgehenden 19. Jahrhundert wandelte sich unter Verdrängung der Wohnbevölkerung die Altstadt zur City, mit der zentralen Aufgabe, Versorgungsfunktionen für die gesamte Stadtbevölkerung auszufüllen." Die Stadt wuchs zunächst auf dem Westufer landeinwärts in alle Himmelsrichtungen, umliegende Dörfer wurden eingemeindet und baulich überformt. Mit der Zeit entstanden Industrieanlagen, vor allem große Werften, und Arbeiterwohnviertel auf dem einstmals ländlich geprägten Ostufer. Zwischen dem West- und Ostufer liegt die Förde. Ihre Wasserfläche, so Jensen, „füllte sich zunehmend mit den Stahlkolossen und diversen weiteren Schiffseinheiten der kaiserlichen Marine, die – wie auf einer Perlenkette aufgereiht – in Reihe an roten Tonnen auf Reede ankerten oder die Schiffsbrücken und Sonderhäfen für Torpedoboote, U-Boote etc. belegten. Dem Großstadttreiben der sich an Land rasch entwickelnden

City entsprach der lebhafte Verkehr auf dem größten ,nassen Exerzier- und Marktplatz' des Reiches auf der 1.500 Hektar messenden Innenförde."

Nun stand aus strategischen Gründen die Frage einer Seeverbindung von Nord- und Ostsee, von Wilhelmshaven und Kiel wieder auf der Tagesordnung. Immer wieder hatte es derartige Versuche gegeben, den Stecknitzkanal etwa oder den alten Eiderkanal. Nun war eine moderne Verbindung gefragt, die schnelle Flottenbewegungen und Flottenverlegungen von der Ost- in die Nordsee und umgekehrt zuließ. So begannen 1887 die Bauarbeiten zu einer neuen Wasserstraße von überragender strukturpolitischer Bedeutung, die von Holtenau über Rendsburg nach Brunsbüttel geführt wurde. Das Bauvorhaben erscheint wie ein Sinnbild des Kaiserreiches: Sprach bei der Grundsteinlegung im Juni 1887 noch der greise Kaiser Wilhelm I., so konnte die Eröffnung vor 3.500 Gästen Kaiser Wilhelm II. vornehmen. Die Eröffnung des Kaiser-Wilhelm-Kanals am 20. Juni 1895 war wohl das größte Spektakel des wilhelminischen Kaiserreiches. Knapp 9.000 Arbeiter mit 94 Feldbahnloks, 65 Trocken- und Nassbaggern und 20 Kränen hatten den 99 Kilometer langen Graben ausgehoben. Schon bald sollte sich allerdings zeigen, dass die Abmessungen der neuen Schiffe bei der Kriegsmarine schneller und schneller wuchsen: Noch vor dem Ersten Weltkrieg musste das Kanalbett vergrößert, musste sein Querschnitt verdoppelt werden, weil die neuen Panzerkreuzer sonst die Wasserstraße nicht mehr würden passieren können. Zu den Wunderwerken der Ingenieurbaukunst zählen allerdings nicht nur die gigantischen Schleusenanlagen in Holtenau und Brunsbüttel, die den Wasserstand des Kanals regulieren, sondern auch die Brückenbauwerke, die den Kanal in einer Durchfahrtshöhe von 42 Metern überspannen. Am eindrucksvoll-

sten ist die Rendsburger Stahlkonstruktion der Eisenbahnbrücke, die sich in Schleifenform über die Stadt in die Höhe windet.

Heute ist der Nord-Ostsee-Kanal nach diversen Erweiterungen die meistbefahrene künstliche Wasserstraße der Welt.

So wie an der Mündung des Kanals in die Kieler Förde aus einer kleinen Landstadt explosionsartig eine Großstadt wuchs, so sollte auch das kleine Brunsbüttelkoog dort, wo der Kanal in die Elbe mündet, eine auf dem Reißbrett geplante, wilhelminische Großstadt werden. Diese Planungen wurden allerdings nicht realisiert. Insoweit ist Brunsbüttel spiegelbildlich zu Kiel ein Beispiel dafür, dass eine Großstadt nicht von selbst entsteht: In Kiel war es staatlicher Wille, eine Stadt für eine Aufgabe, für den Aufbau einer deutschen Flotte, zu bauen. Für Brunsbüttel ist eine solche Aufgabe nicht gefunden worden.

Blick vorbei am Holtenauer Leuchtturm und dem Kaiser-Wilhelm-Denkmal auf den „Kieler Kriegshafen", um 1910.

Im September 1893 sind die Holtenauer Schleusenmauern fertig gestellt, das Gerüst zum Einbau der Schleusentore wird aufgebaut.

*In der heutigen Legien-
straße in Kiel liegt das Gewerkschaftshaus. Dort trafen im November 1918
meuternde Matrosen auf
Arbeiter und Gewerkschaf-
ter: Die Revolution nahm
ihren Lauf.*

Seltsame Ironie der Geschichte: Das Ende des Wilhelminischen Kaiserreichs, dem Kiel seinen Aufstieg zur
Großstadt verdankte, sollte just hier, auf den Schiffen
der Kaiserlichen Marine, die im Reichskriegshafen lagen, eingeläutet werden. Das Wetterleuchten dazu begann in Wilhelmshaven, Kiels Nordsee-Pendant:

Während der Obersten Heeresleitung im Sommer
1918 klar wurde, dass das Deutsche Reich und seine
Verbündeten den Ersten Weltkrieg nicht mehr gewinnen
konnten, war der Chef der Admiralität, Admiral Scheer
(1863–1928), noch nicht bereit aufzugeben. Die Hoch-
seeflotte lag vor Wilhelmshaven, sie sollte Ende Oktober 1918 gegen England auslaufen zu einer großen Offensive. Die Matrosen bekamen Wind davon, hielten
den Krieg für verloren und die geplante Offensive für
ein Himmelfahrtskommando. Die Offiziere konnten
sich nicht mehr durchsetzen. Um zu verhindern, dass
sich die Meuterei über alle Schiffe verbreitete, zog die

Admiralität einen Teil der Flotte, das III. Geschwader, in
seinen Heimathafen nach Kiel ab. Dort traf es am 1. November 1918 ein. Die vermeintlichen 47 Rädelsführer
wurden arrestiert, die übrigen Soldaten sollten durch
großzügig gewährten Landurlaub auf andere Gedanken
kommen. Diese Hoffnung des Geschwaderchefs sollten
allerdings enttäuscht werden. Viele Soldaten versammelten sich vielmehr im Gewerkschaftshaus, um zu beraten, was zu tun wäre, wenn es einen erneuten Befehl
zum Auslaufen gäbe. Hier im Gewerkschaftshaus forderten sie die Freilassung ihrer Kameraden und hier
knüpften sie Kontakte zu den Vertretern der Gewerk-
schaften und den sozialdemokratischen Parteien. Als sie
sich am nächsten Tag wieder im Gewerkschaftshaus
versammeln wollten, ließ die Marineleitung dies jedoch
sperren. So versammelten sich an die 600 Matrosen im
Viehburger Gehölz auf einem Exerzierplatz und beschlossen, am darauf folgenden Tag eine große De-

monstration zu veranstalten. Die Vertreter der USPD, die im Viehburger Gehölz dabei waren, ließen Handzettel herstellen und machten Kieler Arbeiter auf die kommende Demonstration aufmerksam.

Am nächsten Tag war es soweit: Auf dem Kieler Exerzierplatz versammelten sich 5.000 bis 6.000 Menschen, hier erfuhren sie, dass weitere 57 Soldaten verhaftet worden waren. Spontan setzten sich die Menschen in Bewegung in Richtung Arrestanstalt in der Feldstraße, um die Inhaftierten zu befreien. Unterwegs überfielen einige Demonstranten eine Kaserne und erbeuteten Waffen. Schnell wurden drei Dutzend Mann unter Führung eines Leutnants in die Feldstraße beordert, um den Demonstrationszug aufzuhalten: mit allen Mitteln, wie es hieß. „Im fahlen Licht der Gaslaternen wälzte sich bald die Demonstrationsmenge in die enge Straße vor der Arrestanstalt", schrieb Dirk Dähnhardt, und: „Die scharfe Stimme des Leutnants bewirkte zunächst ein Anhalten der vordersten Linien des Zuges. Ein Zurück gab es aber nicht mehr; immer mehr Menschen wurden von hinten in die enge Straße und immer näher an den Rekrutenzug herangedrückt." Schließlich gab der Leutnant in seiner Not den Befehl zum Schießen. Die Menschen stoben in alle Richtungen auseinander. Zurück blieben sieben Erschossene und 29 Verletzte. Nach Berlin kabelte der Gouverneur Admiral Souchon: „Bitte, wenn irgend möglich, hervorragenden sozialdemokratischen Abgeordneten hierherzuschicken, um im Sinne der Vermeidung von Revolution und Revolte zu sprechen."

Am 4. November empfing Souchon eine Abordnung der Soldaten, denen sich Vertrauensleute aus großen Kieler Betrieben und Führer der sozialdemokratischen Parteien angeschlossen hatten. Hier forderten sie nicht nur die Freilassung der inhaftierten Kameraden, sondern auch die Abdankung des Kaisers. Das war Revolution!

Gustav Noske spricht am 29. November 1918 zur Besatzung der U-Boote.

Tatsächlich wurden die Inhaftierten entlassen. In der Nacht vom 4. auf den 5. November, der SPD-Wehrexperte Gustav Noske (1868–1946) war in der Stadt angekommen, gründete sich im Gewerkschaftshaus der erste deutsche Soldatenrat, der unter anderem beschloss, dass Ausfahrten der Flotte zu unterbleiben hatten. Am 5. November hissten viele Schiffe im Hafen die rote Flagge. In der Stadt herrschten chaotische Zustände. Großadmiral Prinz Heinrich (1862–1929), der Bruder des Kaisers, der im Kieler Schloss residierte und Oberbefehlshaber der Ostseestreitkräfte war, verlor die Nerven und floh mit dem Wagen, getarnt mit roter Fahne, aus der Stadt in Richtung Eckernförde auf sein Gut Hemmelmark. Der einzige, bei dem schnell die Fäden zusammenliefen, war Noske. Er ließ sich auf dem Wilhelmsplatz zum Vorsitzenden des Soldatenrates und dann zum Gouverneur wählen. Gustav Noske steuerte einen gemäßigten Kurs und warb für eine Zusammenarbeit der Revolutionäre mit den Behörden. Als der Kieler Arbeiterrat am 7. November eine Republik Schleswig-Holstein ausrufen wollte, erhob Noske Einspruch: Er duldete nur die Proklamation einer „Provisorischen Regierung" – wie vor siebzig Jahren. Zwischenzeitlich hatten sich in vielen Städten Arbeiter- und Soldatenräte gebildet. Am 9. November 1918 rief der Sozialdemokrat Philipp Scheidemann in Berlin die Republik aus, der Kaiser dankte ab. Der entscheidende Anstoß zur Revolution, die das Kaiserreich zum Einsturz brachte, ging von Kiel aus.

Versammlung auf dem Wilhelmsplatz in Kiel.

Flensburg am Abstimmungstag 1920: Gemälde von Marie Mertner, Flensburg.

Deutsches Abstimmungsplakat vom Februar 1920: Es wird Uwe Jens Lornsen, einer der Wegbereiter der schleswig-holsteinischen Bewegung aus der ersten Hälfte des 19. Jahrhunderts, beschworen.

Das Schicksal des Landesteils Schleswig entschied sich nach dem Ende des Ersten Weltkrieges mit dem des Reiches in Versailles: In Deutschland hatte der Matrosenaufstand von Kiel auf Berlin übergegriffen und der Kaiser musste abdanken. Der Sozialdemokrat Philipp Scheidemann hatte die Republik ausgerufen und die Regierungsgeschäfte übernommen. Er berief den Schleswig-Holsteiner Ulrich Graf Brockdorff-Rantzau (1869–1928) im Januar 1919 zum Außenminister. Als solcher musste dieser Ende April 1919 an der Spitze der deutschen Delegation nach Versailles reisen; Brockdorff-Rantzau hatte gehofft, dort mit den Siegermächten des Ersten Weltkrieges über den Frieden zu verhandeln. Dazu kam es allerdings nicht. Dem deutschen Außenminister wurden am 7. Mai lediglich die Friedensbedingungen der Siegermächte ausgehändigt. Brockdorff-Rantzau mochte dieses Vertragswerk, für

ihn ein „Dokument des Kapitalismus und Imperialismus", nicht unterschreiben, er reichte beim Reichspräsidenten seinen Rücktritt ein. Am 28. Juni unterzeichnete sein Amtsnachfolger den Vertrag im Spiegelsaal von Versailles, wo einst die Gründung des Deutschen Reiches stattgefunden hatte.

In den Artikeln 109 bis 114 des Versailler Vertrages hatte sich niedergeschlagen, was in der politischen Diskussion zwischen Dänemark und Deutschland bereits verhandelt wurde: Im Norden des alten Herzogtums Schleswig sollten Volksabstimmungen über eine neue Grenzziehung entscheiden. Deutsche Truppen und hohe Beamte, etwa der Flensburger Oberbürgermeister, mussten das Abstimmungsgebiet verlassen. Nun übernahm die „Commission Internationale Slesvig" die Verwaltung der Grenzregion, französische und englische Truppen sorgten für Ruhe. Wahlberechtigte wurden

mobilisiert, Propagandaschlachten geschlagen. Ganze Straßenzüge in den Städten waren flaggenbewehrt: der rot-weiße Danebrog, das schleswig-holsteinische Blau-Weiß-Rot und die Flagge des untergegangenen Kaiserreiches zeigten, wo man stand. Abstimmen durfte, wer das 20. Lebensjahr vollendet hatte sowie entweder aus dem Plebiszitgebiet stammte oder dort von dem 1. Januar 1900 seinen Wohnsitz genommen hatte oder aber vor diesem Datum unter Verlust des Wohnsitzes ausgewiesen worden war. In der I. Zone des Abstimmungsgebietes, quasi dem nördlichen Nordschleswig, wurde am 10. Februar 1920 en bloc abgestimmt, 75 Prozent der Wahlberechtigten entschieden sich hier für Dänemark. Am 14. März folgte das Plebiszit in der II. Zone, in der gemeindeweise abgestimmt wurde. Hier entschieden sich etwa 80 Prozent für einen Verbleib bei Deutschland. In nur drei Gemeinden auf Föhr, die bis 1864 zu Dänemark gehört hatten, stimmte eine Mehrheit dänisch. Im besonders hart umkämpften Flensburg entschieden sich 24,8 Prozent für Dänemark, 75,2 Prozent dagegen für Deutschland: „Nach Bekanntwerden des Ergebnisses herrschte im Lager der Dänen tiefe Niedergeschlagenheit", so Inge Adriansen und Broder Schwensen. Und: „Die deutschgesinnten Bürger aber versammelten sich in den Hauptstraßen der Fördestadt zu Demonstrationszügen und Freudenkundgebungen. Immer wieder erklang das Schleswig-Holstein-Lied. Um Mitternacht läuteten die Kirchenglocken, und ein tausendstimmiger Chor antwortete: ‚Nun danket alle Gott'." Reichspräsident Ebert kabelte Glückwünsche nach Flensburg: Die „unwandelbare Treue und die feste Zuversicht der deutschen Grenzmark haben nach langen Monaten bangen Harrens zum Erfolge geführt." Die Regierung in Berlin, so Ebert, werde „Treue um Treue" vergelten. Tatsächlich: Es blieb nicht bei diesen Worten. Aus Dankbarkeit über das Flensburger Abstimmungsverhalten stellte das Deutsche Reich über eine Million Reichsmark für den Bau des „Deutschen Hauses", das zentrale Veranstaltungs- und Kulturhaus in Flensburg, zur Verfügung. Über dessen Haupteingang

künden der Reichsadler und eine Inschrift vom „Reichsdank für Deutsche Treue".

Im Mai 1920 übernahmen dänische Kräfte die Verwaltung der ehemalige Abstimmungszone, die nach und nach eingegliedert wurde, kirchlich, postalisch, militärisch. Am 10. Juli legte der dänische König Christian X. per Schiff in Kolding an und ritt auf einem Schimmel über die alte Grenze nach Nordschleswig – so löschte er symbolisch die alte Grenzlinie. Und an besonderem Ort, auf den Düppeler Höhen, wo 1864 die letzte Stunde des dänischen Gesamtstaates geschlagen hatte, versammelten sich am nächsten Tag an die 50.000 Menschen zu einem Fest, mit dem die „Wiedervereinigung" Nordschleswigs mit Dänemark gefeiert werden sollte.

Mit der Teilung Schleswigs 1920 wurde eine Grenze gezogen, die auch in späteren Zeiten, etwa der deutschen Besatzung Dänemarks im Zweiten Weltkrieg, nicht mehr angerührt wurde. Sie schuf eine deutsche Minderheit nördlich und eine dänische Minderheit südlich der Grenze. Nach dem Zweiten Weltkrieg gelang ein Versöhnungswerk, das in Europa seinesgleichen sucht: Mit den Bonn-Kopenhagener Erklärungen von 1955 wurde zwischen beiden Staaten festgestellt, dass das Bekenntnis für die jeweilige Kultur und Sprache frei ist, beiderseits der Grenze die gleichen Rechte gelten und die kulturelle Identität ohne Überprüfung anerkannt wurde. Der Grenzkampf war nun vorbei.

Notgeldschein der Gemeinde Steinfeld mit Abstimmungsmotiv, der nach der Volksabstimmung herausgegeben wurde: Links der Doppeleiche steht ein Landmann bereit, die alte blau-weiß-rote Reichsflagge einzupflanzen, rechts jubelt ein Paar, wenn der deutsche Michel den Danebrog einholt.

Ergebnisse in den Abstimmungszonen

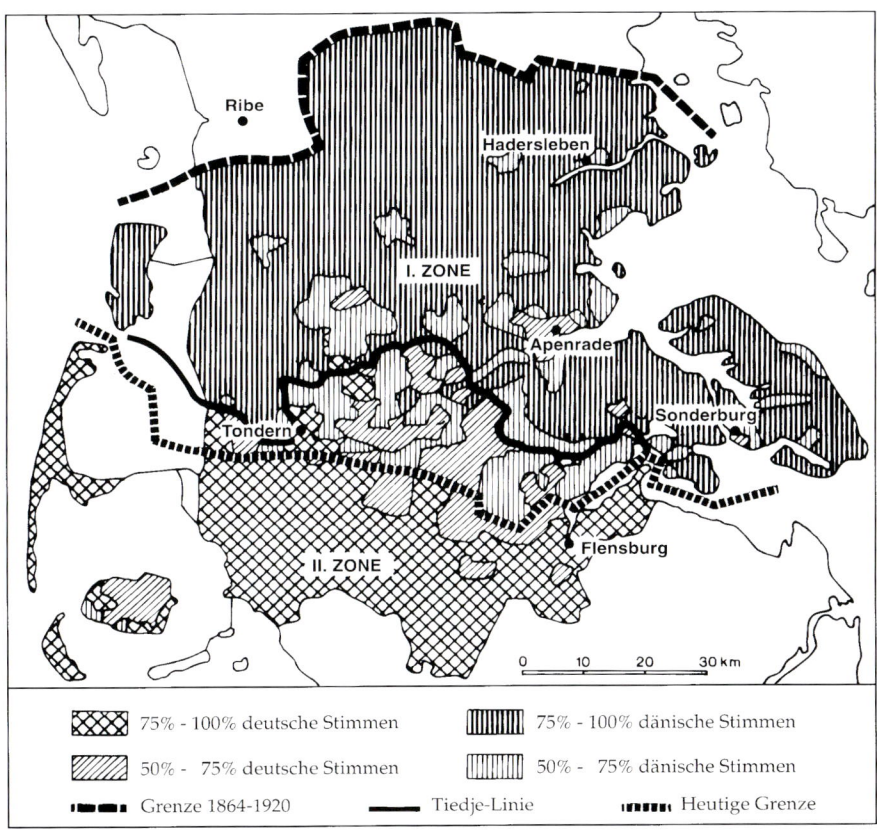

Auf dem Großflecken, dem zum Platz geweiteten Straßenzug in Neumünsters Zentrum, am Lauf der Schwale gelegen, fand wohl kaum je ein dramatischeres Ereignis statt als am 1. August 1929: An diesem Tag sollte die Landvolkbewegung in Neumünster zusammenstreben, um Wilhelm Hamkens aus Tetenbüll auf Eiderstedt – neben Claus Heim aus St. Annen in Dithmarschen Anführer der Landvolkbewegung – wieder in der Freiheit zu begrüßen. Neumünster liegt zentral in Holstein zwischen Hamburg, Itzehoe, Kiel, Lübeck und Schleswig. Es entstand aus einer Vorgängersiedlung namens Wippenthorp, zu deutsch: Wippendorf, in dem Vicelin 1127 ein neues Kloster, „Novum Monasterium", das Neue Münster, gegründet hatte. Hier kreuzte der traditionelle Ost-West-Handelsweg den Ochsenweg, der in Nord-Süd-Richtung verlief. Seit dem 17. Jahrhundert arbeiteten zahlreiche Weber im Ort, im 19. Jahrhundert war Neumünster vor allem zur Stadt der Textil- und Lederindustrie geworden. Und hier stand auch das Zentralgefängnis, in dem Hamkens eine einmonatige Haftstrafe abzubüßen hatte.

In der zweiten Hälfte der 1920er-Jahre sah es für die schleswig-holsteinische Landwirtschaft düster aus: Die

Links und rechts der Schwale lagen die Siedlungen Klein- und Großflecken, heute ist hier das Zentrum der Stadt Neumünster. Der Großflecken war der Schauplatz großer Demonstrationen des Landvolkes.

Konkurrenz aus dem Ausland drängte auf den deutschen Markt, die Erlöse stagnierten, die Steuern und Abgaben drückten. Wenn aber die Bauern keine Aufträge erteilen und die Rechnungen nicht bezahlen, dann merken das auch Handel und Gewerbe. Im Januar 1928 demonstrierten an die 140.000 Menschen in den schleswig-holsteinischen Kreisstädten für eine Neuorientierung der deutschen Handelspolitik mit dem Ziel der Stärkung der Landwirtschaft. Eine größere Demonstration hatte das Land noch nicht gesehen. Ohne Satzung, ohne Vorstand, ohne feste Struktur, ohne Anlehnung an eine politische Partei bildete sich aus diesem Protest die Landvolkbewegung. Weitere Versammlungen und Protestaktionen folgten, die Bewegung radikalisierte sich, die Staatsmacht reagierte nicht mit Verständnis und Bereitschaft zum Gespräch, sondern mit dem Verbot von Versammlungen. Darauf wiederum antwortete die Landvolkbewegung mit Steuerboykott, die Bauern widersetzten sich Beschlagnahmen und Pfändungen. In ganz Deutschland wurde über den Zwischenfall in Beidenfleth berichtet. Dort hatten 200 Bauern die Pfändung von zwei Ochsen wegen rückständiger Gemeindesteuer verhindert, Strohballen brannten und die Tiere

Demonstrationszug durch Neumünster am 1. August 1929.

rissen aus. Vor Landrats- und Finanzämtern gingen Bomben hoch. Auch Hamkens war wegen der Aufforderung zum Steuerboykott ins Gefängnis gekommen.

Zu seiner Entlassung am 1. August 1929 waren etwa 3.000 Menschen nach Neumünster gekommen. An der Spitze des Demonstrationszuges wurde erstmals eine schwarze Fahne getragen wie bei den Bauernkriegen im 16. Jahrhundert: Sie zeigte keinen weißen Bundschuh wie dazumal, sondern einen weißen Pflug und ein rotes Schwert, eine geradegeschmiedete Sense bildete die Spitze des Fahnenstocks. Die Polizei forderte auf dem Großflecken mehrfach die Herausgabe der symbolträchtigen, mit historischer Bedeutung aufgeladenen Fahne. Der Fahnenträger wollte sie nicht herausgeben, die Polizei wollte das Tuch nun beschlagnahmen. Dabei kam es zu einem Handgemenge, Demonstranten wurden durch Säbelhiebe verletzt, Polizisten durch Stockschläge. Es gab mehrere Festnahmen. Der Demonstrationszug zog nach Westen zur Viehauktionshalle, hier wurden Reden gehalten und Lieder gesungen. Schlussendlich erschien Wilhelm Hamkens: er musste aus Flensburg anreisen, denn die Justiz hatte ihn bereits am Vortage heimlich nach Flensburg gebracht und dort entlassen.

Diese Ereignisse bescherten Hamkens und der Landvolkbewegung eine neue Popularität, die Presse in ganz Deutschland berichtete von den Neumünsteraner Ereignissen. Hamkens und der Fahnenträger von Neumünster zogen mit Vortragsveranstaltungen durch Schleswig-Holstein. Die Schwarze Fahne aber war im Besitz der Stadt Neumünster, die die Herausgabe verweigerte. Deshalb verhängte das Landvolk am 5. August 1929 einen Boykott über die Stadt; in Neumünster sollte nicht

mehr eingekauft werden, die Vertreter des Landvolkes wollten dort an keiner Sitzung oder Veranstaltung mehr teilnehmen. Das Reit- und Fahrturnier musste abgesagt werden, ebenso die Fohlen- und Kleintierschau. Die in der Krise ohnehin angeschlagene Wirtschaft wurde schwer getroffen. Drei Monate später sah sich Neumünster gezwungen, die auf dem Großflecken beschlagnahmte Fahne vor fast 5.000 Bauern wieder herauszugeben. Der Bürgermeister Lindemann freilich, der den Polizeieinsatz zu verantworten hatte, war zwischenzeitlich abgewählt worden und hatte Neumünster verlassen. Das gerichtliche Nachspiel gegen die Anführer der Bauernbewegung wegen Landfriedensbruchs fand im Carl-Sager-Haus statt, es endete mit milden Urteilen. Im November 1929 ging damit das Drama um die Landvolkfahne in Neumünster zu Ende. Die „unparteiische" Landvolkbewegung bestand lediglich noch bis 1931. Der größte Teil der Bauern wählte nun NSDAP.

Nach dem Boykott des Landvolkes war die Stadt Neumünster gezwungen, die beschlagnahmte Fahne des Landvolkes wieder herauszugeben.

Auf der einzigen Erhebung im neu eingedeichten Koog, einer Warft, wurde die Neulandhalle als ideologisches Zentrum gebaut.

Die Landgewinnung durch Eindeichung neuer Köge hat an der schleswig-holsteinischen Westküste eine Jahrhunderte während Geschichte und so gibt es keine Landschaft im Lande, in der das menschliche Wirken derart ablesbar ist wie in der Marsch. „Wer nicht will deichen, muss weichen", in diesem Satz, der zum Sprichwort geworden ist, zeigt sich die normative Kraft des Landesschutz- und schließlich des Landgewinnungsgedankens. Auch im Südwesten Dithmarschens ist die Küstenlinie stetig von Osten nach Westen gewandert und der Ort Marne verwandelte sich von einer Siedlung am Wasser zu einem Zentralort mit landwirtschaftlich intensiv genutztem Umland. Schon vor dem Beginn des Ersten Weltkrieges hatte man die Eindeichung des Vorlandes in einem Winkel zwischen dem Friedrichskoog und dem Kaiser-Wilhelm-Koog geplant, kleine Sommerköge mit überflutbaren Deichen sind hier schon ab Mitte des 19. Jahrhunderts gebaut worden, zur großen Deichbaumaßnahme reichte allerdings die Kraft noch nicht.

Ab 1933 sah das jedoch anders aus: Nach der Ernennung Adolf Hitlers (1889–1945) zum Reichskanzler am 30. Januar 1933 wurde die Verwaltung auch in Schles-

wig-Holstein gleichgeschaltet. Der Gauleiter der NSDAP im Lande, Hinrich Lohse, wurde Oberpräsident der Provinz. Mit seinem Namen ist ein gigantisches Vorhaben verbunden, das noch 1933 entwickelt wurde: der „Generalplan für Landgewinnung in Schleswig-Holstein", späterhin „Lohse-Plan" genannt. Sein Ziel war es, im Laufe der nächsten 100 Jahre allein in Nordfriesland 30 Köge mit etwa 30.000 Hektar Land zu gewinnen, um Raum für 2.000 Siedlerstellen mit 10.000 Menschen zu erhalten. Das gesamte Wattenmeer zwischen dem Festland und den Nordfriesischen Inseln sollte aufgesiedelt werden. In Dithmarschen sollte die Küstenlinie weitere drei Kilometer nach Westen verschoben werden, 13 Köge würden 13.000 Hektar Landes mit bis zu 900 Siedlerstellen und 4.000 Menschen bringen. So stellten sich die Nationalsozialisten eine „Lebensraumgewinnung mit friedlichen Mitteln" vor, die sie propagandistisch ausnutzen wollten. Zu Anfang der Realisierung dieses Planes rückte die Bucht an der Elbmündung in das Zentrum der Aufmerksamkeit, ihre Eindeichung von 1933 bis 1935 sollte den Auftakt bilden für dieses Programm zur „Wiedergewinnung des

Bodens". Deshalb sollte der neue Koog „Adolf-Hitler-Koog" heißen.

Ein Ziel der Nationalsozialisten hieß Autarkie: Eine stetig steigende Produktion in der Landwirtschaft sollte die Versorgung der Bevölkerung mit Nahrungsmitteln aus dem eigenen Lande sichern; zudem würde diese „Nahrungsfreiheit" Devisen sparen für die Einfuhr kriegswichtiger Rohstoffe. Die Verherrlichung des Bauernlebens sollte eine rückwärtsgewandte Alternative darstellen für diejenigen, deren Existenz in den Städten in wirtschaftlichen Krisenzeiten bedroht war. In den Jahren 1933/34 waren an die 10.000 Menschen bei Landgewinnungsmaßnahmen eingesetzt.

Die Besiedlung des Neulandes im Adolf-Hitler-Koog begann im Herbst 1934. Die Siedler wurden nach ihrem Verhältnis zur „nationalsozialistischen Bewegung" ausgewählt, das „Menschenmaterial", das für die Besiedlung in Frage kam, „entstammt altem germanischen Bauerntum". Die Bewohner sollten zu einer „Wehrgemeinschaft" zur Verteidigung des Deiches und damit ihres Lebensraumes und des Bodens werden, zu einer „Gemeinschaft von Bauern und Arbeitern". Die Neulandgewinnung und -besiedlung hatte also nicht nur volkswirtschaftliche, sondern auch ideologische Motive. Die Bebauung, die Straßenführung, die Strukturie-

Siedler bei der Ernte

Straße zur Freitreppe

Adolf-Hitler-Koog bei Marne in Holstein

rung des Raumes und Besiedlung des Kooges wurde auf dem Reißbrett geplant: Alle Gebäude, Bauernhof oder Haus eines Arbeiters, Handwerkerstelle, Schule, Gasthof, entstanden aus denselben Materialien nach denselben Gestaltungsprinzipien: Bis auf den heutigen Tag ist die beabsichtigte „Gemeinschaft von Bauern und Arbeitern" an den Gebäuden ablesbar.

Auch die ideologische Überhöhung des Landgewinnungsgedankens, so wie er im Adolf-Hitler-Koog Gestalt annimmt, findet ihren topografischen Ausdruck: Auf der einzigen natürlichen Erhebung des flachen Marschenareals, einer kleinen, nur wenige Meter hohen Warft, wurde die Neulandhalle gebaut. Über die Hauptstraße des Kooges und die auf den Seedeich zuführende Neulandstraße ist das Gebäude zu erreichen. Dort, wo die Neulandstraße in die Hauptstraße mündet, imitiert der Ortskern, bestehend aus zwei Bauernhöfen, zwei Handwerkerhäusern sowie zwei Winkelbauten, Schule und Gasthof, eine Hofsituation, wie sie bei großen Gutsanlagen, etwa auf Emkendorf, gegeben ist: Symmetrisch angeordnet bilden die Gebäude ein Tor, durch das man hindurch muss, bis das Haus der Herrschaft erreicht ist. Äußerlich wirkt die Neulandhalle wie ein sachlicher, heimatschutzartig aufgefasster Haubarg, in ihrem Innern verbreitete sie – ausgestattet mit einem Kamin, der wie ein Altar anmutet, und monumentalen Fresken – eine sakrale Atmosphäre. Hitler legte im August 1935 höchstpersönlich den Grundstein zu diesem Gebäude. Hier sollten die Neusiedler ideologisch geschult werden. So wie die Bebauung und Besiedlung des Kooges die siedlungspolitischen Vorstellungen der Nationalsozialisten widerspiegeln, ist die Neulandhalle im Sinne der Blut-und-Boden-Ideologie gänzlich durchgestaltet. Der Ort wurde 1945 in Dieksanderkoog umbenannt.

Im Innern der Neulandhalle herrschte eine pseudo-sakrale Atmosphäre: Fresken von Landmännern und -frauen anstelle von Heiligen, offenes Feuer, Ähren und Schwert anstelle Altar und Kruzifix.

Hitler selbst legte den Grundstein zur Neulandhalle.

Der Adolf-Hitler-Koog wurde mit großem propagandistischen Aufwand als Beispiel für eine „friedliche Lebensraumgewinnung" gefeiert.

Einst Bahnhof, dann Rathaus von Altona.

Bild rechts:
Die Luftaufnahme des heute zu Hamburg gehörenden Altonas zeigt die Bahntrassen, die von Norden aus Schleswig-Holstein kommen: Sie enden kurz vor dem Elbufer in einem Kopfbahnhof.

Manche Grenzen sind wahre Scheidelinien, die tatsächlich das eine vom anderen trennen, manche Grenzen dagegen sind nichts anderes als störende Linien auf dem Papier der Landkarten. Sie bereiten Schwierigkeiten, weil sich das tatsächliche und das administrative Leben nicht in Einklang bringen lassen. Letzteres trifft auf die Grenze zwischen der holsteinischen Stadt Altona und Hamburg zu. Das Kirchdorf Altona, an der Elbe gelegen, verdankte seine frühe Förderung im Mittelalter noch den Schauenburgern. Die unmittelbare Nachbarschaft zum aufstrebenden Hamburg war für Altona allerdings konstitutiv und sprach der holsteinischen Stadt im Grunde die Berechtigung ab: In der Volksüberlieferung heißt es, dass der Name Altona aus einer hamburgischen Warnung entstanden wäre: Der Ort liege „all to nah"!

Für Holstein war der Hafenort an der Elbe von besonderer Bedeutung als südlicher Brückenkopf. Hier lebte und baute der gebürtige Kopenhagener Christian Friedrich Hansen (1756–1845), der den Klassizismus in die Herzogtümer brachte und die eleganten Häuser an der Elbchaussee entwarf. Während in den Hansestädten keine Juden leben durften, war Altona ein Zentrum jüdischen Lebens in den Herzogtümern. 1832 konnte die erste „Kunststraße" von Kiel über Neumünster, Bramstedt und Quickborn nach Altona geführt werden, 1844 stellte die Altona-Kieler Eisenbahn-Gesellschaft die

Linie von Kiel über Neumünster, Wrist und Elmshorn nach Altona fertig. Nah der Elbe endete hier also die Bahnverbindung aus dem Norden. Als später von Elmshorn die Eisenbahn als Marschenbahn die Westküste entlang geführt wurde, war Altona für Reisende aus Schleswig-Holstein die Endstation. In preußischer Zeit stieg Altonas Einwohnerzahl beträchtlich, umliegende Ortschaften wie Ottensen und Oevelgönne wurden eingemeindet. Ende des 19. Jahrhunderts war die Stadt vor allem zu einer Wohnstadt der ärmeren Bevölkerung Hamburgs geworden, weil in Hamburg strengere Bauvorschriften das Wohnen teurer machten als in der holsteinischen Nachbarschaft. So stiegen die Gemeindelasten, die Steuerkraft der Zugezogenen war dagegen gering. Altonas wirtschaftliche Entwicklung war gehemmt durch die Zollgrenze zwischen dem preußischen Holstein und der Freien Reichsstadt Hamburg, die ein Gebiet durchtrennte, das bereits städtebaulich ineinander gewachsen war. Äußerlich konnte man hier nicht mehr feststellen, wo Altona aufhörte und Hamburg anfing – die Städte waren durch vielfältige Verbindungen ineinandergewachsen. Hier waren Hamburg und Holstein miteinander verzahnt.

Wirtschaftliche Entwicklung, städtebauliche Notwendigkeiten, Verkehrsinfrastrukturen, Hafenentwicklung – auf immer mehr Feldern drängte die Auflösung dieser Dualität. Aber wie? In den 1920er-Jahren, als wiederum eine Reihe von Gemeinden wie Blankenese, Rissen oder Eidelstedt zu Altona kamen, verhandelten preußische und hamburgische Stellen über Alternativen. Dass Hamburg seine Selbständigkeit aufgeben würde, um Teil Preußens zu werden, war undenkbar. Dass die Preußen Gebiete an der Unterelbe abtreten würden, war ebenso unvorstellbar, denn die Preußen sahen in ihren nordelbischen Provinzen auch deutsch-dänisches Grenzland, das nicht weiter geschwächt werden sollte – die Volksabstimmung 1920 hatte ja bereits den Verlust von Nordschleswig besiegelt. Auf der Basis eines Staatsvertrages sollte die Zusammenarbeit von Altona, Hamburg und Harburg im Süden vor allem im Bereich der Landesplanung, der Hafenwirtschaft, des Verkehrs und des Siedlungsbaus so gestaltet werden, als gäbe es keine Grenzen. Das war aber nur Theorie.

Teil dieser territorialen Verzwickungen war außerdem die Hansestadt Lübeck, die ja nicht zum Herzogtum Holstein gehörte und aus alten Hanse-Zeiten enge Beziehungen zu Hamburg unterhielt. So kamen auch noch die Überlegungen hinzu, Hamburg und Lübeck zu vereinen, was Hamburg nicht wollte, weil es Lübeck als „Klotz am Bein" fürchtete. Und was Lübeck nicht wollte, weil es fürchtete, von Hamburg aus nachrangig regiert zu werden. Auch die Bildung eines Nordstaates, eines „Landes Nordmark" aus Schleswig-Holstein, Lübeck, dem oldenburgischen Landesteil um Eutin und Mecklenburg mit der Hauptstadt Lübeck, blieb nur ein Denkmodell. Der Wunsch der Stadt Altona, die immerhin an die 190.000 Einwohner hatte, in Hamburg aufzugehen, wurde auch von der demokratischen Regierung Preußens nicht erfüllt.

Das änderte sich nun in nationalsozialistischer Zeit. Mit dem dekretierten Groß-Hamburg-Gesetz vom 26. Januar 1937 ordnete Hitler den Norden neu: Altona, Wandsbek und Harburg und weitere 27 Umlandgemeinden kamen zu Hamburg. Hamburg musste die Stadt Geesthacht und Umgebung an die preußische Provinz Schleswig-Holstein abtreten, das einst hamburgische Cuxhaven kam zu Hannover. Hamburg war der große Gewinner, die Fläche der Stadt war gewachsen, die Bevölkerungszahl stieg von gut 400.000 auf 1,6 Millionen Einwohner. Aber das Groß-Hamburg-Gesetz kannte auch einen Verlierer: die Freie Reichsstadt Lübeck. Nach über 700 Jahren musste die Hansestadt ihre Reichsfreiheit aufgeben. Sie wurde zusammen mit den Oldenburgischen Landesteilen um Eutin zur Entschädigung an Preußen gegeben und in die Provinz Schleswig-Holstein eingegliedert. Nach dem Zweiten Weltkrieg bis in die 1950er-Jahre hat es Initiativen für die Verselbständigung Lübecks gegeben. Sie sollten ohne Erfolg bleiben.

*Ein eindringliches Kunst-
werk markiert heute den
Standort des ehemaligen
Konzentrationslagers La-
delund.*

*Häftlinge mussten einen
Panzergraben ausheben:
Zeichnung des ehemaligen
Häftlings H. P. Sørensen.*

Das Oberkommando der Wehrmacht fürchtete ab dem Jahr 1943, dass die Alliierten an der deutschen oder dänischen Westküste landen würden. Zwar erfolgte die Invasion dann am 6. Juni 1944 in der Normandie, aber unter dem 28. August ergeht ein „Führerbefehl", zum Bau eines Verteidigungswerkes etwa 10 Kilometer hinter der Küste. Für den Fall, dass eine weitere Landung in Dänemark stattfinden sollte, waren „Riegelstellungen" vorgesehen, die zwischen der deutsch-dänischen Grenze und dem Nord-Ostsee-Kanal das Vordringen alliierter Truppen nach Süden verhindern sollten. Mit dem Grabenwerk wird die militärische Bauorganisation Todt (OT) beauftragt, Parteiformationen, Freiwillige und Zwangsverpflichtete, Kriegsgefangene, Zwangsarbeiter und auch Häftlinge aus Konzentrationslagern hatten die OT zu unterstützen.

Als Außenlager des Konzentrationslagers Neuengamme bei Hamburg entstand im September 1944 das Lager Husum-Schwesing, im November desselben Jahres das Lager Ladelund. Die Gemeinde liegt im Norden des Landesteils Schleswig – seit der Grenzziehung von 1920 endet Deutschland an der Ladelunder Gemeindegrenze. In Ladelund selbst wurde auch abgestimmt: 448 Wahlberechtigte wollten zu Deutschland gehören, 141 zu Dänemark. Das alte Lager des Reichsarbeitsdienstes, das etwa für 250 Menschen ausgelegt war, erhält nun einen Stacheldrahtzaun und vier Wachtürme. Am 1. und 2. November treffen auf dem Bahnhof in Achtrup Viehwaggons ein, in denen Häftlinge aus Husum-Schwesing

und Neuengamme an die dänische Grenze gebracht wurden, um hier nun Geschützstellungen und Panzergräber auszuheben. Mehr als 2.000 Menschen werden in das Lager gesperrt, den Weg von Achtrup nach Ladelund, acht Kilometer, mussten die entkräfteten Menschen zu Fuß zurücklegen. In den sechs Wochen, die das Lager bis zu seiner Auflösung am 16. Dezember 1944 besteht, kommen 300 Menschen um. Die Häftlinge stammen aus allen von Deutschland besetzten Ländern, nur Dänen wurden nicht nach Ladelund gebracht. Die größte Gruppe stellten die Niederländer.

In der Nacht zum 1. Oktober 1944 hatte eine holländische Widerstandsgruppe ein Fahrzeug der Deutschen Wehrmacht unweit des Ortes Putten in Holland beschossen, zwei deutsche Offiziere werden dabei verwundet, einer stirbt später. Als Vergeltungsmaßnahme wird die Bevölkerung von Putten noch am Vormittag

Der Panzergraben.

des 1. Oktober aus ihren Häusern geholt und nach Geschlecht getrennt auf Sammelplätze getrieben. Die Männer werden über Nacht in Kirche, Schule und einer Lagerhalle eingesperrt. Am Abend des 2. Oktober wird der Ort in Brand gesteckt, Frauen und Kinder mussten fliehen, die etwa 1.200 Männer werden in Lager verschleppt, knapp 600 von ihnen erreichen Mitte Oktober das KZ Neuengamme. Nur 49 konnten nach ihrer Befreiung wieder nach Putten zurückkehren. Allein 110 fanden den Tod in Ladelund.

Das Leiden und das Sterben der Häftlinge spielte sich vor den Augen der Bevölkerung in Ladelund ab. „Nur die wenigsten Dorfbewohner", so schreibt Jörn Peter Leppien, „scheinen auf Dauer den Propagandalügen geglaubt zu haben, dass im KZ Verbrecher ihrer gerechten Strafe zugeführt würden. Manche Bewohner haben, mit der gebotenen Vorsicht, versucht, den Gefangenen Essbares zukommen zu lassen. Die vorherrschenden Gefühle in der Bevölkerung waren ohnmächtiges Mitleid, Gewissensnot und – vor allem – die Angst, bei Sympathiebeweisen für die Häftlinge deren Schicksal teilen zu müssen."

Vor allem der Gemeindepastor Johannes Meyer bemühte sich, den Verstorbenen trotz der Massengräber eine christliche Bestattung zukommen zu lassen, erfasste deren Daten, soweit es ihm möglich war. Ausführlich protokollierte er das, was er beobachtete, etwa, wenn die

Das KZ Ladelund nach einer Skizze von E. Wellerdiek, um 1948, die eine Vorstellung von der Anlage des Lagers gibt.

Häftlinge mit Schaufeln und Spaten einen bis zu fünf Meter breiten Panzergraben ausheben sollten: „Wenn am Morgen die Sträflinge nach qualvoller Nacht … zur Arbeit antreten sollten, waren einige derart erschöpft und krank, dass ihnen dies unmöglich war. Dann wurden diese armen Menschen so lange geprügelt, bis sie draußen im Glied standen. Die Kameraden schleppten diese armen Menschen zur Arbeitsstätte. Hier prügelte der Kapo so lange, bis der entkräftete Mann den Spaten ergriff und mit der Arbeit begann. Bald konnte er nicht mehr, dann schlug der Kapo wieder auf ihn ein. Dies wiederholte sich so lange, bis der Kapo einsah, dass der Sträfling einfach nicht mehr konnte. Er wurde zur Seite geschleppt und starb. Am Abend wurde der Tote von den Kameraden ins Lager getragen. Dies hat jeder in Ladelund gesehen, und das Schreien der Verprügelten hat jeder in Ladelund gehört. Und wir waren machtlos."

Bald nach dem Krieg, schon 1950, entstand auf dem Friedhof von Ladelund eine KZ-Gedenkstätte, im Oktober 1950 kommen erstmals 130 Puttener, um die Gräber ihrer Familienangehörigen zu besuchen. Ein Jahr später wird Pastor Meyer nach Putten eingeladen und predigt dort in deutscher Sprache. Damit war die Grundlage für eine völkerversöhnende Gedenkstättenarbeit gelegt, die bis heute anhält. Die Lagergebäude in Ladelund verschwinden nach dem Krieg. Verschiedene Abschnitte der ausgehobenen Gräben und Riegelstellungen sind verfüllt. Nur westlich von Ladelund ist ein Überrest des Panzergrabens erhalten. Eine Narbe in der Landschaft.

Steinerne Mahnung in Ladelund.

Die Marineschule in Mürwik erinnert in ihrer Architektur an die mittelalterlichen Burgen des deutschen Ritterordens. Hier war der Sitz der letzten Reichsregierung unter Admiral Dönitz.

Vor dem deutschen Hauptquartier in der Marine-Sportschule Mürwik standen noch bis zum 23. Mai 1945 deutsche Wachsoldaten.

in Berlin sein „Politisches Testament", mit dem er den Oberbefehlshaber der deutschen Kriegsmarine und Chef der U-Bootwaffe Großadmiral Karl Dönitz (1891–1980) zum Reichspräsidenten und Oberbefehlshaber der Wehrmacht und Joseph Goebbels (1897–1945) zum Reichskanzler bestellte. Damit hob er die Verbindung von Reichspräsident und Reichskanzler, die ihn selbst zum „Führer" gemacht hatte, wieder auf. Einen Tag später beging Hitler Selbstmord. Reichsleiter Martin Bormann (1900–1945) funkte aus dem Berliner Führerbunker an Dönitz, der sein Hauptquartier in einer Marinebaracke bei Plön bezogen hatte, dass Hitler ihn als seinen Nachfolger bestimmt hatte. Dass Hitler sich umgebracht hatte, meldete Bormann nicht. Am 1. Mai 1945 verkündete der Hitler-Nachfolger im Rundfunk: „Ich übernehme den Oberbefehl über alle Teile der Wehrmacht mit dem Willen, den Kampf gegen die Bolschewisten fortzusetzen, bis die kämpfende Truppe und bis Hunderttausende von Familien aus dem deutschen Ostraum vor der Versklavung und der Vernichtung gerettet sind. Gegen die Engländer und Amerikaner muss ich den Kampf so weit und so lange fortsetzen, wie sie mich an der Durchführung des Kampfes hindern." Freilich regierte Karl Dönitz fast wie ein „König ohne Land": Lediglich die Räume südöstlich Münchens, Mecklenburg, Ostfriesland und eben Schleswig-Holstein befanden sich noch in deutscher Hand. Als die Engländer ihren Vorstoß nach Norden in Richtung Lübeck und Segeberg fortsetzten, verlegte Karl Dönitz sein Hauptquartier und das Oberkommando der Wehrmacht am 2. Mai in die Marineschule in Flensburg-Mürwik. Wie nach dem Ersten Weltkrieg sollte auch das Schlusskapitel des Zweiten Weltkrieges in Schleswig-Holstein seinen Anfang nehmen. Direkt an der Reichsgrenze lag nun der deutsche Regierungssitz: weiter konnte man sich nicht zurückziehen.

Der Zweite Weltkrieg hatte auch in Schleswig-Holstein Zerstörungen angerichtet. Zu deren traurigen Höhepunkten zählt insbesondere die Nacht vor Palmsonntag, dem 29. März 1942, als die Alliierten in drei Wellen Angriffe auf Lübeck flogen. Mehr als 30 Menschen fanden den Tod, 1.000 wurden verletzt, fast 6.000 Gebäude wurden zerstört, 15.000 Menschen wurden obdachlos. Nun, am 29. April 1945, überquerten britische Soldaten die Elbe bei Lauenburg und betraten schleswig-holsteinischen Boden.

Just an diesem Tag unterschrieb Hitler im Bunker

Hierher in den Norden setzten sich nun viele Dienststellen ab, Heinrich Himmler etwa, der „Reichsführer SS", traf am 3. Mai mit seiner Entourage in Flensburg ein. Auf dem Weg nach Flensburg hatte Dönitz an der Levensauer Hochbrücke Generaladmiral von Friedeburg (1895–1945) getroffen und ihn zum Waffenstillstand mit den Engländern ermächtigt. Auf Dönitz' Befehl folgte dann, weil vor allem die Amerikaner keinen Waffenstillstand wollten, sondern das Kriegsende, die Unterzeichnung der Kapitulation durch Generaloberst Jodl in Reims und durch Generalfeldmarschall Keitel (1882–1946) in Berlin-Karlshorst. Nun war der Krieg endlich zu Ende. „Die Kapitulation vollzog sich in Etappen", so Hans-Ulrich Thamer „und die Regierung Dönitz setzte mit Geschick alles daran, Zeit zu gewinnen, um möglichst große Teile des Ostheeres und mit ihm möglichst viele Flüchtlinge in den Machtbereich der Westalliierten gelangen zu lassen."

In Schleswig-Holstein lebten nun über 2,5 Millionen Menschen, eine Million mehr als vor Kriegsbeginn: Hunderttausende Flüchtlinge aus dem Osten, Wehrmachtsangehörige, die in Ostholstein und an der Westküste lagerten. 170.000 Soldaten aus Schleswig-Holstein waren gefallen oder vermisst. Die Städte lagen in Schutt und Asche, in Kiel beispielsweise waren dreiviertel aller Wohnhäuser zerstört.

Über den Sender Flensburg hatte Karl Dönitz am 8. Mai 1945 die deutsche Kapitulation bekannt gegeben: „Ich habe dem deutschen Volk zugesagt, in der kommenden Notzeit bestrebt zu sein, unseren tapferen Frauen, Männern und Kindern … erträgliche Lebensbedingungen zu schaffen …. Wir müssen den Tatsachen klar ins Gesicht sehen. Die Grundlagen, auf denen das Deutsche Reich sich aufbaute, sind zerbrochen. Die Einheit von Staat und Partei besteht nicht mehr. Die Partei ist vom Schauplatz ihrer Wirksamkeit abgetreten. Mit der Besetzung Deutschlands liegt die Macht bei den Besatzungsmächten. Es liegt in ihrer Hand, ob ich und die von mir bestellte Reichsregierung tätig sein kann oder nicht. Kann ich durch meine Amtstätigkeit unserem Vaterland nützen und helfen, dann bleibe ich im Amt, bis der Wille des deutschen Volkes in der Bestellung eines Staatsoberhauptes Ausdruck finden kann oder die Besatzungsmächte mir die Fortführung meines Amtes unmöglich machen …".

Tatsächlich ließen die Alliierten Dönitz und seine Mannschaft noch bis zum 23. Mai in Flensburg-Mürwik als Regierungssitz eines winzigen Rumpfstaates sitzen. Dann wurden er und seine Emissäre Jodl und von Friedeburg auf ein Schiff gebracht, das in der Flensburger Förde lag. Dort auf der „Patria" wurden sie ebenso wie die Angehörigen der Regierung und des Oberkomman-

dos der Wehrmacht mit ihren Mitarbeitern zu Gefangenen erklärt. Das „Dritte Reich" der Nationalsozialisten war endgültig beendet. Karl Dönitz wurde vom Nürnberger Internationalen Militärgerichtshof für begangene Kriegsverbrechen und Verbrechen gegen den Frieden zu zehn Jahren Haft verurteilt.

Nach ihrer Verhaftung am 23. Mai werden Alfred Jodl (1890–1946), Albert Speer (1905–1981) und Karl Dönitz (1891–1980) abgeführt.

Das Gebiet, über das Dönitz bis zum 23. Mai 1945 regierte: die Enklave Mürwik.

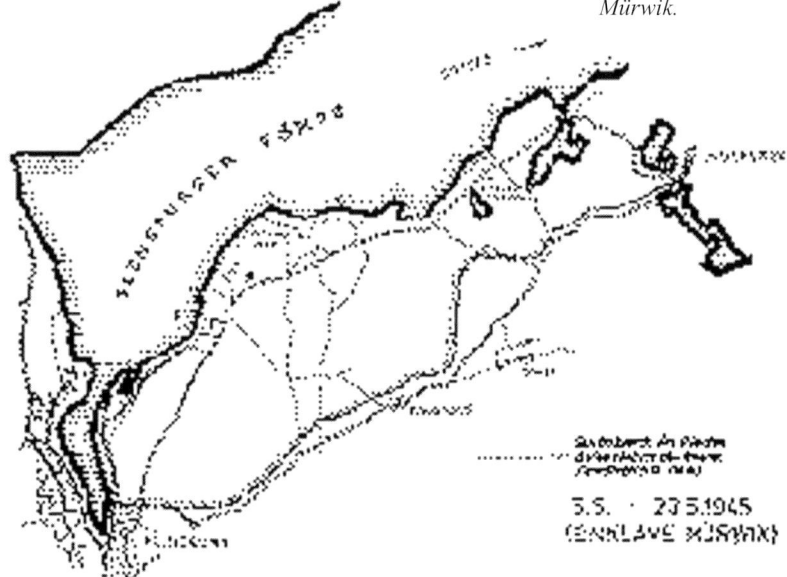

Deutschlands einzige Hochseeinsel: Helgoland.

Es braucht nicht viel Phantasie, um sich vorzustellen, wie das Oberland der Insel Helgoland in den 1950er-Jahren ausgesehen hat: Mit seinen Trichtern und Senken, Folgen überirdischer Bombardierung und unterirdischer Explosionen, erinnert es bis heute fast eher an ein Schlachtfeld der Westfront des Ersten Weltkrieges als an die idealisierte Vorstellung von der erhabenen einzigen deutschen Hochseeinsel: Narbenlandschaft einer großflächigen Verwundung.

Alles Mögliche hatte der rote Felsen, heute nicht einmal einen Quadratkilometer groß und aus Buntsand-stein bestehend, der sich im Zuge der Evolution der Erd-rinde just an dieser Stelle an die Oberfläche schob, im Laufe der letzten 1.000 Jahre erlebt. Frühmittelalterli-che Besiedlung durch Friesen, Teil des mittelalterlichen dänischen Reiches, Schlupfloch für Seeräuber im 13. und 14. Jahrhundert – den legendären Claus Störtebeker eingeschlossen, Hanseherren, die die Insel zum Stand-ort ihrer Faktoreien machten. Ab 1490 kam Helgoland in den Besitz der Gottorfer Herzöge, hier entstand 1630 das erste Leuchtfeuer an der deutschen Nordseeküste. Hier lauerten im 17. Jahrhundert französische Kaperschiffe auf Beute, nach dem Kieler Frieden 1814 unterstand es britischer Oberhoheit. So blieb es bis zum 1. Juli 1890, dann regelten Großbritannien und das Deutsche Reich ihre Kolonialinteressen in Ostafrika neu, im Zuge dieses Handels kam Helgoland wieder zu Deutschland – als Teil Preußens, Provinz Schleswig-Holstein. 1932 wurde es verwaltungsmäßig dem Kreis Pinneberg angeschlossen.

Aus der besonderen geografischen Lage der Insel folgte ihre jeweilige Bestimmung: War es erst Seeräuber- und Seefahrerstützpunkt, dann Zentrum von Heringsfischerei, Grönlandfahrt und Schellfischfang, so kam Anfang des 19. Jahrhunderts die naturwissenschaftliche Forschung hinzu. Schon 1826 erfolgte die Gründung eines Seebades, bis auf den heutigen Tag leben die Helgoländer von der touristischen Substanz ihrer Insel. Inseln wurden seit dem 18. Jahrhundert als Orte des Abenteuers und der Sehnsucht von Dichtern geschätzt. Heinrich Heine (1797–1856) etwa hielt sich gleich zweimal länger auf der Insel auf, und dass der niedersächsische Dichter August Heinrich Hoffmann von Fallersleben (1798–1874) hier 1841 den Text des „Deutschlandliedes" schrieb, gehörte einmal zum allgemein präsenten Schulwissen.

Vor dem Hintergrund der Flottenpolitik des Deutschen Reiches unter Kaiser Wilhelm II. folgte ab 1891 der Ausbau Helgolands zur Seefestung. Als Kriegsflottenstützpunkt erhielt es einen befestigten Marinehafen, einen U-Boot- und Torpedohafen, unterirdische Kasematten und Kasernen. Im Ersten Weltkrieg waren hier 4.000 Soldaten im wichtigsten U-Boot-Stützpunkt des Reiches stationiert. Nach 1933 begann der zweite militärische Ausbau des Eilandes und der benachbarten Düne – in der Folge von 1918 waren die militärischen Einrichtungen, den Entmilitarisierungsbestimmungen des Versailler Vertrages gehorchend, zerstört worden.

Der Zweite Weltkrieg brachte für Helgoland dann die totale Zerstörung: Gut drei Wochen vor der Kapitulation und Befreiung Deutschlands, im April 1945, flogen die

Engländer Angriffe auf den Felsen, über die Erich Wohlenberg schrieb: „Rund 1.000 viermotorige englische Bomber warfen … etwa 7.000 Bomben (darunter auch 10-Tonnen-Bomben) auf den Felsen. 104 Minuten rollte eine Welle nach der anderen heran. Zur Hauptsache wurde das Kasernen- und Wohnviertel bombardiert. Die schweren Bomben durchschlugen die Felsdecke über den Militärbunkern, denn sie lagen nur etwa 8 m unter der Oberfläche." Nach Kriegsende befahlen die Engländer die vollständige Räumung der Insel, die Helgoländer wurden im Wesentlichen in den Kreis Pinneberg evakuiert. Helgoland diente der Royal Air Force nun als Bombenziel. Zwei Jahre nach dem Bombenangriff von 1945, im April 1947, wurden 6.700.000 kg Sprengmaterial aus deutschen und englischen Beständen in das unterirdische Stollensystem gebracht und gezündet. Im Oktober 1947 wurden weitere 260.000 kg Sprengstoff zur Explosion gebracht. Der U-Boot-Hafen und die unterirdischen Festungsanlagen waren jetzt zerstört. Weitere fünf Jahre flog die britische Luftwaffe Bombenangriffe zu Übungszwecken gegen die Insel, als wollten sie den deutschen Vorposten völlig von den Land- und Seekarten radieren. Nun war schließlich die gesamte Bebauung zerstört. Erst nachdem zwei Studenten in einer beherzten, friedlichen Aktion die Insel besetzten und ein Ende der Bombardierungen forderten, wurde die Insel zum 1. März 1952 an die Bundesrepublik Deutschland zurückgegeben.

Nach und nach kamen die Helgoländer wieder zurück, um die 2.000 Menschen leben heute wieder dort. Nach kometenhaftem Aufstieg und totaler Zerstörung erfolgte binnen eines Jahrzehnts der Wiederaufbau des verwüsteten Landes – aus einem architektonischen Guss und somit als städtebauliches Gesamtkunstwerk. Auch Ziel für Hunderttausende von Touristen pro Jahr ist Helgoland wieder geworden – wenn auch von schroffem Charme.

Luftaufnahme vom Helgoländer Oberland nach der Bombardierung, 1945.

Das Unterland der Insel ist 1952 völlig leer, nachdem die Kriegstrümmer weggeräumt wurden.

101

*Die ehemalige Marineaka-
demie als Sitz von Landtag
und Ministerpräsidentin
des Landes Schleswig-
Holstein.*

Schon gleich im Jahr 1945 begann die britische Militärregierung, die nach der Kapitulation die Regierungsge-
walt innehatte, mit dem Aufbau demokratischer Strukturen in Schleswig-Holstein. Zunächst entstanden Ge-
meinde- und Kreisvertretungen, dann folgte 1946 die
Ebene der Provinz. Im „Neuen Stadttheater" in Kiel,
dem heutigen Schauspielhaus, fand die Eröffnungsfeier
für den Provinziallandtag statt. Freilich waren die Abgeordneten dieses Parlamentes noch nicht gewählt, sondern von der britischen Militärregierung ernannt, nachdem diese die politische Vergangenheit der Kandidaten
geprüft hatte. Eröffnet wurde die Sitzung noch durch einen Vertreter der Besatzungsmacht, bevor Oberpräsident Theodor Stelzer (1880–1967), der an der Spitze der
deutschen Verwaltung stand und ab August 1946 den Titel Ministerpräsident führte, das Wort erhielt. Der erste
Landtag hatte vor allem die Aufgabe, eine Verfassung
auszuarbeiten und so einen gewählten Landtag zu er-
möglichen. Die „Vorläufige Verfassung", die im Sommer 1946 vorgelegt wurde, fand allerdings keine Zustimmung der britischen Militärregierung.

Der Staat Preußen, unter dessen Dach Schleswig,
Holstein und Lauenburg seit 1866 als Provinz vereint
waren, wurde am 25. Februar 1947 durch ein Gesetz des
Alliierten Kontrollrates aufgelöst. Die ehemals preußischen Provinzen erhielten nun den vorläufigen staats-
rechtlichen Status von Ländern. Zu Schleswig-Holstein
sollten im Rahmen der Länderbildung nun die drei ehemaligen Herzogtümer, die vor 1937 reichsunmittelbare
Hansestadt Lübeck sowie das ehemalige Fürstentum
Lübeck, also Eutin, gehören. Die deutsch-dänische
Grenze von 1920 blieb unangetastet. Überlegungen,
eine Art Nordstaat mit Hamburg und der Elbe im Zentrum zu schaffen, wurden nicht lange verfolgt. Letztlich
konnte sich die schleswig-holsteinische Geschichte als
wirkungsmächtig erweisen – zwischen Nord- und Ostsee sollte ein Staatswesen entstehen, vergleichbar dem,
das die bürgerlichen Revolutionäre von 1848 gefordert
hatten.

Ebenfalls 1947 trat der erste gewählte Landtag zusammen, der Sozialdemokrat Hermann Lüdemann
(1880–1959) wurde Ministerpräsident. In dieser Wahl-

periode nahm das Parlament die „Landessatzung" an und schuf 1949 so die Grundlage für ein demokratisches Gemeinwesen in der föderativen Bundesrepublik. Diese Landessatzung wurde übrigens erst 1990 überarbeitet und als „Landesverfassung" verabschiedet. Damit hatte sie endgültig ihren „provisorischen" Charakter verloren.

Unmittelbar nach Kriegsende standen die Linderung der sozialen Not, die durch die große Zahl der Flüchtlinge und Vertriebenen noch verstärkt wurde, der wirtschaftliche Wiederaufbau und der Aufbau der demokratischen Institutionen ganz oben auf der politischen Tagesordnung. Und doch sind bereits in der Frühzeit des sich bildenden Landes Schleswig-Holstein strukturpolitische Entscheidungen gefallen, die die Bedeutung einer ausgewogenen Landesplanung erkennen lassen: Der alte Regierungssitz Schleswig musste zugunsten Kiels auf das Parlament, die Regierung und die Verwaltung des neuen Landes verzichten. Als kompensatorische Maßnahme siedelte die Landesregierung das Oberlandesgericht im Schleswiger Regierungsgebäude aus preußischer Zeit an, die Landesmuseen fanden ihre Entfaltungsmöglichkeiten auf Schloss Gottorf und in dem Gebäudekomplex auf der Schlossinsel, der in preußischer Zeit als Kaserne gedient hatte.

Das neue Parlament für das Land Schleswig-Holstein, der Landtag, hatte zunächst noch keine feste Bleibe: Er trat im Kieler Theater zusammen, in der dortigen Milchforschungsanstalt und der Pädagogischen Hochschule, im Lübecker Rathaus, in Flensburg und in Eckernförde. Der damalige Landtagspräsident Karl Ratz konnte die erste Sitzung im neuen Domizil am 3. Mai 1950 eröffnen und er freute sich, dass „das Wandern des Schleswig-Holsteinischen Landtages nun vorbei ist". Zum neuen Standort in der neuen Landeshauptstadt war die Marineakademie am Düsternbrooker Weg ausgewählt worden. Das außen historisierend und innen funktional gestaltete Haus war 1888 fertig gestellt. Nach dem Ersten Weltkrieg wurde das Gebäude nicht nur als militärische Ausbildungsstätte, sondern auch als Wohn- und Unterrichtsgebäude der Marineakademie genutzt, außerdem kam dann der Sitz der Marinestation Ostsee bis 1945 in das Haus. Während des Kaiserreichs, der Weimarer Republik und des Dritten Reichs blieb es außen weitgehend unverändert. Nach kriegsbedingter Zerstörung folgte der Wiederaufbau. Bis auf den heutigen Tag ist das Gebäude Sitz des Schleswig-Holsteinischen Landtages und der Ministerpräsidentin. Im Jahr 2004 wurde eine umfassende Sanierung und Erweiterung des Gebäudes abgeschlossen. Die markanteste bauliche Veränderung ist der neue Plenarsaal des Landtages, der wasserseitig angebaut wurde. Seine Transparenz und Leichtigkeit kann zu einem schönen Sinnbild der Demokratie in Schleswig-Holstein werden.

Kommunalwahlkampf 1946: SPD und CDU streben einer neuen Zukunft entgegen, der SSW erinnert an schleswig-holsteinische Geschichte.

Garten und östliche Front der Marineakademie, um 1905.

In kühnem Bogen über-
spannt die neue Brücke
den Fehmarnsund und ver-
bindet die Insel mit dem
Festland.

Zu den einschneidenden Infrastrukturmaßnahmen im neuen Bundesland Schleswig-Holstein gehört die elegante Brücke über den Fehmarnsund. Sie ist, knapp einen Kilometer lang und am höchsten Punkt ihrer Bögen 70 Meter hoch, seit 1963 Teil der so genannten Vogelfluglinie – der kürzesten Verbindung von Westeuropa nach Skandinavien – und gehörte damals zu den mächtigsten Brücken Europas. Wie die Zugvögel lange Wege über das Wasser scheuen und sich möglichst eine Route über Land suchen, so führt der für das 20. Jahrhundert bedeutende Verkehrsweg ebenfalls – Fehmarn, Lolland, Falster, Seeland – von Insel zu Insel. Heute ist auf der Route zwischen Lübeck und Lund in Schweden lediglich noch der Fehmarnbelt nicht gequert, zwischen

Puttgarden auf Fehmarn und Rødby auf dem dänischen Lolland müssen Straßenverkehr und Eisenbahnen mit Fährschiffen transportiert werden. Es gibt aber Pläne, auch die Lücke über den Belt zu schließen.

Die Brücke über den Sund brachte aber nicht nur Deutschland und Dänemark einander ein weiteres Stück näher, sie verband auch die Insel Fehmarn fester, dichter mit dem schleswig-holsteinischen Festland, das der Volksmund auf der Insel „Europa" genannt hat. In der landeskundlichen Werbung und der Literatur ist seit einem halben Jahrhundert nicht mehr der Leuchtturm von Staberhuk oder ein großer landwirtschaftlicher Betrieb wie Staberhof oder der Turm der Burger Nikolaikirche das typische Fehmarn-Motiv. Vielmehr ist ironischerweise die Brücke, die Fehmarns Inseldasein beendete, in ihrer markanten Zeichenhaftigkeit zum Symbolbild für Fehmarn geworden.

In vielerlei Hinsicht erscheint Fehmarn wie ein Ostküstenspiegelbild der an der Westküste gelegenen Landschaft Dithmarschen, die ja ebenfalls bedingt durch ihre inselhafte Lage einen regionalen Sonderweg durch die Geschichte gegangen ist. Die seit alters her von der Landwirtschaft lebende Insel ist im Jahr 1420 in einer Auseinandersetzung zwischen den Schauenburgern und Erich von Pommern als König von Dänemark zerstört worden. Und tatsächlich heißt es, die Schauenburger hätten Siedler aus Dithmarschen geholt, die die Insel Fehmarn wieder bevölkern sollten. Schon nach dem Sieg über die slawische Bevölkerung östlich des „Limes Saxoniae" im 12. Jahrhundert sollen zur Kolonisierung Fehmarns Dithmarscher geworben worden sein.

Fehmarn und Dithmarschen, beides Inseln abseits der großen Handelswege, beide haben, von je her landwirtschaftlich geprägt, vor allem seit den 1960er-Jahren den Tourismus als Wirtschaftsfaktor für sich entdeckt. Beide Landschaften standen in enger Beziehung zum mittelalterlichen Städtebund der Hanse, Dithmarschen als Dauergast, der nur zu gern ganz hinein gebeten worden wäre, Fehmarns enge Verbindung zu Lübeck als Haupt der Hanse brachte der Insel bis zum Ende des 15. Jahrhunderts eine wirtschaftliche Blütezeit – in der Burger Kirche, der Schiffer-Kirche, hängt unter den Votivschiffen auch eine Hansekogge. Die Menschen dort wie hier lebten mit dem Meer, nutzten die Ressourcen als Fischer, Seefahrer und im Mittelalter wohl auch als Seeräuber. Beide Regionen nennen die landwirtschaftlichen Wanderarbeiter aus der ersten Hälfte des 20. Jahrhunderts „Monarchen" und bringen dadurch impliziert zum Ausdruck, dass sie nicht all zuviel Respekt vor gekrönten Häuptern haben. In ihren Gemeinwesen hatten große Bauern das Sagen, wie in Dithmarschen gaben sie

sich auf Fehmarn noch im Mittelalter ein eigenes Landrecht. Und dort wie hier gibt es eine mythisch überhöhte jungfräuliche Bauerntochter, die die Kämpfer gegen den Feind anführt: 1500 war es die Telse, die die Dithmarscher bei Hemmingstedt anfeuerte. Auf Fehmarn folgte ihr eineinhalb Jahrhunderte später Marenz Tiedemann, die die Fahne schwang und bei Puttgarden fiel, als es im Dreißigjährigen Krieg gegen die Schweden ging.

Im 17. Jahrhundert kam Fehmarn zum Herzogtum Schleswig und damit auch zu Dänemark. Die großen landesgeschichtlichen Ereignisse spiegelten sich hier in kleineren Dimensionen. Während der Erhebung 1848 verhafteten die Fehmeraner einige Dänen, die vor der Insel auf Reede lagen, und brachten sie in die eingenommene Festung Rendsburg. Damit war die Erhebung hier vorbei. Und auch die Preußen besetzten die Insel 1864 geräuschlos: In Kompaniestärke setzten sie nächtens vom alten Fährort Großenbrode aus über den Sund, Heiligenhafener Fischer und der Großenbroder Fährmann halfen ihnen dabei. Die dänische Strandwache wurde festgesetzt, in Burg der dänische Leutnant nach kurzem Kampf ebenfalls gefangen genommen. Wie die Herzogtümer, so wurde auch Fehmarn späterhin Teil der preußischen Provinz Schleswig-Holstein. Nach dem Zweiten Weltkrieg hatte die Sowjetunion, die strategisch günstige Lage der Insel in der westlichen Ostsee im Blick, die Absicht, Fehmarn für ihre Besatzungszone zu gewinnen. Dem widersetzten die Briten sich mit Erfolg. Sonst wäre die Insel wohl nicht schon 1963 zu „Europa" gekommen.

Ostseeinsel mit nahezu unveränderter Küstenlinie: Fehmarn 1648.

30. April 1963: Die Fehmarnsundbrücke ist eröffnet.

Seit den 1960er-Jahren erlebt Schleswig-Holstein vor allem im so genannten Speckgürtel, dem Bogen um die Millionenstadt Hamburg, einen beachtlichen Bevölkerungszuwachs: Orte wie Pinneberg, Ahrensburg und Reinbek wachsen, wirken bald großstädtisch und nehmen die Aufgaben zentraler Orte wahr. Zahlreiche Unternehmen, die in Hamburg keinen Platz mehr finden, siedeln sich im Süden Schleswig-Holsteins an. Für Arbeitnehmerinnen und Arbeitnehmer, die täglich nach Hamburg ein- und auspendeln, galt dies schon eine ganze Weile. Jetzt waren im Land Schleswig-Holstein die Verwaltungsstrukturen auf dem Prüfstand.

Den Auftakt und städtebaulich sichtbaren Ausdruck der Kommunal- und Kreisreform bildete eine Stadtgründung: Im Süden des Kreises Segeberg, direkt an Hamburg angrenzend, wurden mit Wirkung vom 1. Januar 1970 die vier alten Gemeinden Garstedt, Harksheide, Glashütte und Friedrichsgabe, die vordem zu den Kreisen Pinneberg und Stormarn gehört hatten, zur neuen Stadt Norderstedt mit knapp 70.000 Menschen zusammengeschlossen. Nach Kiel, Lübeck, Neumünster und Flensburg war so die nach der Einwohnerzahl

Mit Norderstedt-Mitte entstand das Zentrum der neuen Stadt mit zentralen öffentlichen Einrichtungen auf der grünen Wiese.

fünftgrößte Stadt des Landes Schleswig-Holstein entstanden. „Treibende Kräfte dieser Entwicklung", so schrieb Horst Embacher, „waren u.a. das starke Anwachsen der Einwohnerschaft im Norderstedter Bereich von 1921 an, als die Hamburger Hochbahn über Ohlsdorf hinaus bis Ochsenzoll verlängert wurde. Damit war der Anschluss an die Großstadt Hamburg hergestellt …". Und weiter: „Hinzu kam die Situation bei Kriegsende 1945, in der, bedingt durch die Vertreibung aus den deutschen Ostgebieten sowie Ausbombung im nahe gelegenen Hamburg, die Bevölkerung im Norderstedter Raum weiter anwuchs, verbunden mit einer Mitte und Ende der 50er-Jahre beginnenden erheblichen Bautätigkeit nebst umfangreichen Gewerbe- und Industrieansiedlungen, die eine beachtliche Aufwärtsentwicklung mit sich brachten." In einem neuen Stadtkern Norderstedt-Mitte, der auf der grünen Wiese entstand, fanden die zentralen öffentlichen Einrichtungen wie Rathaus, Bildungszentrum und Landesbehörden ihren Standort und sollen – verknüpft mit Wohngebäuden, Marktplatz und Geschäften, Kultur- und Freizeiteinrichtungen – zum zentralen Kraftzentrum der neuen

Stadt wachsen, denn ohne Zentrum kommt ein Ort nicht aus. Aber wie dazumal in Altona, so ist heute am Stadtbild Norderstedts nicht zu erkennen, wo in Norderstedt Schleswig-Holstein aufhört und wo Hamburg anfängt.

Als nächste Etappen der Kommunal- und Kreisreform wurden die Kreisgrenzen im Land geändert: Die Kreise Norder- und Süderdithmarschen wurden zusammengelegt zum Kreis Dithmarschen. Damit endete dort die Teilung als Folge der „Letzten Fehde" im Jahr 1559. Die Kreise Rendsburg und Eckernförde wurden zum Kreis Rendsburg-Eckenförde, dem flächenmäßig größten in Schleswig-Holstein, zusammengelegt. Aus Südtondern, Husum und Eiderstedt wurde der Kreis Nordfriesland, aus den Kreisen Eutin und Oldenburg wurde der Kreis Ostholstein gebildet. Die Gebiete der vier kreisfreien Städte Kiel, Lübeck, Neumünster und Flensburg wurden durch Eingemeindungen arrondiert. In einem letzten Schritt 1974 wurden dann noch die Kreise Flensburg-Land und Schleswig zu Schleswig-Flensburg verbunden. Aus 17 Kreisen waren nun elf gewor-

den und nicht in jedem Falle ist die Neubildung so verlaufen wie in Dithmarschen, wo im Grund zusammengelegt wurde, was historisch zusammen gehörte.

Wie lange dauert es, bis die Menschen sich mit dem Ort, in dem sie leben, identifizieren? Fühlen sich die Menschen in Norderstedt als Garstedter, Harksheider, Friedrichsgaber oder Glashütter? Was bedeuten Verwaltungsgrenzen im täglichen Leben? Spielen nicht vielmehr Vereine, Kirchengemeinden, der Einzugsbereich der Lokalzeitung eine Rolle dafür, wie stark man sich mit einer Region, mit einem Ort verbunden fühlt? Alles unterliegt dem Wandel, nur die Geschichte nicht. Insofern kann die Geschichte und können die geistigen und sächlichen, die baulichen und topografischen Überlieferungen helfen, Identitäten zu stiften. Auch dies ist zu bedenken, wenn in unseren Tagen, wie auch schon in der Vergangenheit, an verschiedenen Momenten der Weichenstellung über die Weiterentwicklung unserer Gemeinden, Städte, Kreise und auch unseres Landes diskutiert wird.

um 15000 v. Chr.	Altsteinzeit, Rentierjäger
um 8000 v. Chr.	Mittlere Steinzeit, Jäger und Sammler
um 3500 v. Chr.	Jungsteinzeit, Großsteingräber, „bäuerliche Steinzeit" (Albersdorf)
um 1800 v. Chr.	Bronzezeit
um 800 v. Chr.	Beginn der Eisenzeit
320	Bau des Nydamboots (Nydam und Thorsberg)
407	Beginn der Auswanderung der Sachsen, Angeln und Jüten
737	Erste Bauphase am Danewerk
798	Schlacht bei Bornhöved auf dem Schwentinefeld
804	Haithabu in den Fränkischen Reichsanalen
811	dänisch-fränkischer Frieden, die Eider wird Grenzfluss
850	erster Kirchenbau in Haithabu
968	Starigard/Oldenburg wird Zentrum des Bistums Oldenburg
1050	Überfall auf Haithabu durch den Norweger Harald Hardrade (= der Harte)
1066	Slawenaufstand, Überfall auf Haithabu
1111	Kaiser Lothar von Supplinburg belehnt Adolf von Schauenburg mit Holstein und Stormarn
1127	Gründung des Augustiner-Chorherrenstifts durch Vicelin im späteren Neumünster
1134	Bau der Siegeburg (Segeberg)
1152	Feldsteinkirche Bosau
1158	Adolf II. muss Lübeck an Heinrich den Löwen abtreten
1160	Verlegung des Bistums Oldenburg nach Lübeck
vor 1173	Baubeginn für den Ratzeburger Dom
1226	Kaiserlicher Freiheitsbrief für Lübeck
1227	Schlacht bei Bornhöved
1241	Bündnis Lübecks und Hamburgs gegen Raubritter, Geburtsstunde der Hanse
1362	„Grote Mandränke", Untergang Rungholts (Nordstrand)
1398	Eröffnung des Stecknitzkanals (Lauenburg)
1434	Beginn der Beratungen „uppe de heide"
1459	Schauenburger Linie, die mit Schleswig belehnt ist, stirbt aus
1460	Vertrag von Ripen, „Tapfere Verbesserung" von Kiel Christian I. von Dänemark wird Herzog von Schleswig und Graf von Holstein
1472	Aufruhr gegen Christian I. (Husum)
1500	Fürstenheer in der Schlacht bei Hemmingstedt gegen Dithmarschen
1514	Bronzegrabmahl für Herzog Friedrich I. (Bordesholm)
1521	Vollendung des Bordesholmer Altars
1523	Herzog Friedrich I. wird dänischer König (Schleswig)
1524	Reformator Heinrich von Zütphen nach Prozess auf dem Heider Marktplatz am Galgenberg hingerichtet
1530	Ausbau der Breitenburg durch Johann Rantzau
1544	Landesteilung zwischen dem dänischen König Christian III und seinen beiden Brüdern
1558	Wedeler Roland
1559	Unterwerfung Dithmarschens unter Johann Rantzaus Führung
1586	Bischof von Lübeck wird künftig aus dem Haus Schleswig-Holstein-Gottorf gewählt
1598	Heinrich Rantzau
1617	König Christian IV. gründet Glückstadt
1621	Herzog Friedrich III. gründet Friedrichstadt
1633	Beginn des Aufbaus Schloss Plön
1640	Grafschaft Pinneberg fällt von den Schauenburgern zum Teil an den dänischen König, zum Teil an das Haus Schleswig-Holstein-Gottorf
1665	Herzog Christian Albrecht gründet Kieler Universität
1690	Beginn des Ausbaus der Festung Neuwerk in Rendsburg
1701	Höhepunkt des Walfangs der Nordfriesen (Wyk auf Föhr)
1725	Hochzeit Herzog Carl Friedrichs von Gottorf mit Anna Petrowna
1742	Carl Peter Ulrich von Holstein-Gottorf wird zum russischen Thronfolger ernannt (Kiel, Eutin)
1762	Carl Peter Ulrich besteigt als Peter III. den russischen Zarenthron

1752	Caspar von Saldern erwirbt Schierensee
1764	erste Zuckerraffinerie in Flensburg
1766	erste Verordnung über das „Verkoppeln" (Bungsberg)
1767	Carl von Hessen wird Statthalter (Louisenlund)
1773	Vertrag von Zarskoje Selo: Delmenhorst und Oldenburg in Oldenburg kommen zum Fürstbistum Lübeck, Holstein-Gottorf zu Dänemark
1777	Baubeginn für den Eiderkanal (Königsförde/Kluvensiek)
1783	Bau der Speicherhäuser am Eiderkanal (Tönning)
1784	Eröffnung des Eiderkanals
1805	Aufhebung der Leibeigenschaft
1806	Napoleon verfügt Kontinentalsperre
1830	Uwe Jens Lornsen veröffentlicht seine Flugschrift „Über das Verfassungswerk in Schleswigholstein"
1835	Erste Ständeversammlungen mit beratender Funktion treten für Holstein in Itzehoe und für Schleswig in Schleswig zusammen
1844	Eisenbahn Kiel – Altona wird in Betrieb genommen
1848	Schleswig-Holsteinische Erhebung, Provisorische Regierung in Kiel
1849	Seegefecht vor Eckernförde
1850	Schlacht bei Idstedt, Stapellauf des Brandtauchers (Kiel), Frieden zwischen Preußen und Dänemark
1863	Dänische „Novemberverfassung" vereinigt Schleswig mit Dänemark
1864	Deutsch-dänischer Krieg, Schlacht bei Düppel. Dänischer König tritt Schleswig, Hol-

1865	stein und Lauenburg an Preußen und Österreich ab
	Verlegung der preußischen Marinestation von Danzig nach Kiel
1866	Preußisch-österreichischer Krieg
1867	Schleswig-Holstein wird preußische Provinz
1890	Rückgabe Helgolands an das Deutsche Reich
1895	Eröffnung des Kaiser-Wilhelm-Kanals
1918	Matrosenaufstand in Kiel, Kaiser Wilhelm II. dankte ab
1920	Volksabstimmung in Schleswig
1929	Landvolkbewegung, Boykott des „Landvolkes" gegen Neumünster
1933	Gleichschaltung Schleswig-Holsteins durch die Nationalsozialisten
1935	Grundsteinlegung zur Neulandhalle, Eindeichung des Adolf-Hitler-Kooges
1937	Groß-Hamburg-Gesetz, Altona kommt zu Hamburg, Lübeck und Eutin zu Schleswig-Holstein
1944	KZ Ladelund als Außenlager des KZ Neuengamme
1945	Regierung Dönitz in Flensburg-Mürwik. Britische Militärregierung
1946	Bildung des Landes Schleswig-Holstein
1947	Bombardierung Helgolands durch die Engländer, der erste gewählte Schleswig-Holsteinische Landtag tritt zusammen
1952	Rückgabe Helgolands an die Bundesrepublik Deutschland
1963	Fehmarnsundbrücke verbindet Fehmarn mit dem Festland
1970	Gründung der Stadt Norderstedt, Kommunalreform

111

Abbildungsnachweis

Volker Arnold 9 un, 32 li (2) – Verlagsarchiv Boyens Medien 18 ob, 27 un, 39 ob, 39 li, 41 ob, 46 un, 47 ob, 49 un, 56, 63, 64 (4), 65 ob, 69, 79 re, 79 un, 83 re, 85 un, 99 (2), 105 un – Dithmarscher Landesmuseum, Meldorf 33 ob – Stadtmuseum Eckernförde 78 un – Marineschule Flensburg-Mürwik 98 ob – Museumsberg Flensburg 88 ob – Landeszentralbibliothek Flensburg 62 un – Schiffahrtsmuseum Flensburg 61 re, 61 un – Stadtarchiv Flensburg 98 un – Stadtarchiv Friedrichstadt 51 – Altonaer Museum Hamburg 80 un, SU Untergrund (nach Karte von Jordans) – Landesvermessungsamt Hamburg 95 – Museum für Hamburgische Geschichte 48 ob, 54 un – Stadtarchiv Heide 33 un – Bernd-Peter Kaiser 23 re, 23 un – Kieler Stadtarchiv 85 ob, 87 (2), 103 un – Melitta Kolberg 8, 9 ob, 10, 12, 18 un, 19, 20, 22 ob, 22 un, 23 li, 24, 25 ob, 26, 30 ob, 31 re, 35, 36, 38 ob, 40, 42, 45, 46 li, 48 un, 49 ob, 50, 52, 54 ob, 58, 59 un, 60 ob, 61 li, 62 ob, 66, 67 un, 68, 70, 74 ob, 76 ob, 78 ob, 80 ob, 82, 83 ob, 84, 86, 90, 92, 94, 96 ob, 97 un, 102, 104, 106, SU mi – Kongelige Bibliothek, Kopenhagen 21 ob – Dokumentation „Konzentrationslager Ladelund", Katalog (Skizze von E. Wellerdiek) 97 ob – Horst-Dieter Landeck 7, 107 – Archiv der Hansestadt Lübeck 25 un, Museum für Kunst- und Kulturgeschichte der Hansestadt Lübeck 31 un – K. Kjer Michaelsen 13 un – Stadtarchiv Mölln 30 un – Nationalhistorisches Museum pa Frederiksborg 44 ob – Kreisarchiv Nordfriesland 29 un, 59 ob, 71 – Stiftung Nordfriesland, Husum 37 ob – Wallmuseum Oldenburg 17 ob – Oldenburg i. H., 750 Jahre Stadtrecht, Oldenburg 1985 17 un, 20 li – Staatsbibliothek Preußischer Kulturbesitz, Berlin 27 ob, 77 ob – Walter Raabe 14, 16, 28, 29 ob, 32, 55 li, 100 – Archiv Stadt Rendsburg 55 re – Rijksinstituut voor oorlogsdocumentatie, Amsterdam 96 li – Landesamt für Denkmalpflege Schleswig-Holstein 101 (2), Stiftung Schleswig-Holsteinische Landesmuseen Schloß Gottorf 41 un, 69 ob, 79 ob – Landesarchiv Schleswig-Holstein 34, 37 un, 57 (2), 74 un, 103 re (3) – Schleswig-Holstein in 150 archäologischen Funden 11 (3), 14 un, 15 (3) – Schleswig-Holsteinische Landesbibliothek, Kiel 39 re, 43 un, 44 un, 53 ob, 60 un, 65 (2) re, 67 ob, 75 un, 76 un, 77 un, 81 (2), 105 ob – Stiftung Schleswig-Holsteinische Landesmuseen Schloß Gottorf - Volkskundliche Sammlungen 71, 73 (2) – Schloßmuseum Sonderborg 88 li, 89 ob – Institut for Sönderjysk Lokalhistorie, Historike Samlinger, Aabenraa 96 un – Statensmuseum for Kunst, Kopenhagen 43 ob – Reimer Stecher 38 li – Kreisarchiv Steinburg 75 ob – Archiv Frank Trende 93 (3) – Verlagsarchiv Wachholtz Verlag 21 un, 47 un, 48 mi, 89 un – Wikinger Museum Haithabu: Schaufenster einer frühen Stadt 13 ob – Archiv Gut Wittenberg 53 un – Verein Zeitzeichen, Kiel 91 (2).

LITERATURVERZEICHNIS

Allgemeine Darstellungen

Archäologisches Landesmuseum der Christian-Albrechts-Universität, Schleswig-Holstein in 150 archäologischen Funden. Neumünster 1986.

Otto Brandt, Geschichte Schleswig-Holsteins. 8. Aufl. Kiel 1981.

Christian Degn, Schleswig-Holstein – eine Landesgeschichte. Historischer Atlas. Neumünster 1994.

Glauben. Nordelbiens Schätze 800–2000. Katalog zur Ausstellung Kiel 2000. Neumünster 2000.

Historische Kulturlandschaften in Schleswig-Holstein. Neumünster 1999.

Ulrich Lange (Hrsg.), Geschichte Schleswig-Holsteins. Von den Anfängen bis zur Gegenwart. Neumünster 1996.

Otto Mensing, Schleswig-Holsteinisches Wörterbuch. 5 Bände. Neumünster 1927 ff.

Eckart Opitz, Schleswig-Holstein. Landesgeschichte in Bildern, Texten und Dokumenten. Hamburg 1988.

Alexander Scharff, Schleswig-Holsteinische Geschichte. Ein Überblick. 2. Aufl. Würzburg 1966.

Das große Schleswig-Holstein-Buch. Hamburg 1996.

Karl Schlögel, Im Raume lesen wir die Zeit. Über Zivilisationsgeschichte und Geopolitik. München, Wien 2003.

Kurt-Dietmar Schmidtke, Berge in Schleswig-Holstein. Husum 1986.

Albersdorf: Die ersten Bauern

Volker Arnold, Archäologischer Wanderweg rund um Albersdorf. Ein Führer zu den ur- und frühgeschichtlichen Denkmälern. Heide 1991.

Volker Arnold, Rüdiger Kelm, Rund um Albersdorf. Ein Führer zu den archäologischen und ökologischen Sehenswürdigkeiten. Heide 2004.

Hermann Müller-Karpe, Geschichte der Steinzeit. München 1976.

Kurt Schietzel, Entwurf einer Rahmenkonzeption. In: Archäologische Insel Albersdorf. Heide, Albersdorf 1993.

Nydam und Thorsberg:
Opferplätze der Eisenzeit

Güde Bemmann und Jan Bemmann, Der Opferplatz von Nydam. Die Funde aus den älteren Grabungen Nydam-I und Nydam-II. Neumünster 1998.

Michael Gebühr, Nydam und Thorsberg. Opferplätze der Eisenzeit. Begleitheft zur Ausstellung. Archäologisches Landesmuseum. Schleswig 2000.

Herbert Jankuhn, Nydam und Thorsberg. Moorfunde der Eisenzeit. 5. Aufl. Neumünster 1962.

Danewerk: Verteidigungssystem und ältestes Ziegelbauwerk des Landes

H. Hellmuth Andresen, Das Danewerk – neue Perspektiven. In: Wall und Graben. Katalog der Wanderausstellung 1995–1997. S. 43–46.

Hildegard Elsner, Wikinger Museum Haithabu: Schaufenster einer frühen Stadt. Schleswig o.J.

Nis Hardt, Karsten Kjer Michaelsen, Wikinger zwischen Ribe, Haithabu und Hamburg. Heide 1994.

Jørgen Kühl, Das Danewerk in der Landenge von Schleswig. In: Wall und Graben. Katalog der Wanderausstellung 1995–1997. S. 35–42.

Dagmar Unverhau, Das Danewerk 1842. Beschreibung und Aufmaß. Neumünster 1988.

Haithabu:
Wikingersiedlung und frühe Metropole

Régis Boyer, Die Wikinger. Stuttgart 1994.

Nis Hardt, Karsten Kjer Michaelsen, Wikinger zwischen Ribe, Haithabu und Hamburg. Heide 1994.

Hildegard Elsner, Wikinger Museum Haithabu: Schaufenster einer frühen Stadt. Schleswig o.J.

Birgit und Peter Sawyer, Die Welt der Wikinger. Berlin 2002.

Klaus R. Schroeter, Entstehung einer Gesellschaft. Fehde und Bündnis bei den Wikingern. Berlin 1994.

Oldenburg: Die alte Burg der Slawen

Jürgen Eberhardt, Die Slawen in Oldenburg. In: Wall und Graben. Katalog der Wanderausstellung 1995–1997. S. 65–73.

Ingo Gabriel, Starigard – Oldenburg. In: Alfried Wieczorek, Hans-Martin Hinz (Hg.), Europas Mitte um 1000. Handbuch zur Ausstellung. Stuttgart 2000. S. 658–661.

Michael Müller-Wille (Hg.), Starigard/Oldenburg. Ein slawischer Herrschersitz des frühen Mittelalters in Ostholstein. Neumünster 1991.

Segeberg: Gipsberg und Siegeburg

Enno Bünz, Zwischen Kanonikerreform und Reformation: Anfänge, Blütezeit und Untergang der Augustiner-Chorherrenstifte Neumünster-Bordesholm und Segeberg. Paring 2002.

Dieter Lohmeier, Heinrich Rantzau. Humanismus und Renaissance in Schleswig-Holstein. Heide 2000.

Bosau: Chronistenheimat und beinahe Bischofssitz

Wolf Werner Rausch (Hg.), Vicelin um 1090 bis 1154 – Missionar und Bischof in Ostholstein und Lübeck. Kiel 2004.

Ratzeburg: Spuren des Löwen

Heinrich der Löwe und seine Zeit. Herrschaft und Repräsentation der Welfen 1125–1235. Katalog der Ausstellung, Braunschweig 1995. Band 1–3.

Karl Jordan, Heinrich der Löwe. Eine Biographie. 2. Aufl. München 1995.

Lübeck: Stadtluft macht frei

Dänen in Lübeck 1203–2003. Katalog der Ausstellung. Lübeck 2003.

Günter P. Fehring, Lübeck zur Zeit der Welfen (1125–1235) in: Heinrich der Löwe und seine Zeit. Katalog der Ausstellung. Braunschweig 1995. Band 2. S. 408–417.

Antjekathrin Graßmann (Hg.), Lübeckische Geschichte. Lübeck 1988.

Der Lübecker Kaufmann. Aspekte seiner Lebens- und Arbeitswelt vom Mittelalter bis zum 19. Jahrhundert. Begleitpublikation der Ausstellung. Lübeck 1993.

Dieter Zimmerling, Die Hanse. Handelsmacht im Zeichen der Kogge. Düsseldorf, Wien 1976.

Bornhöved: Dreifaches Schlachtfeld

Michael Müller-Wille, Abodriten, Polaben und Wagrier im Nordwesten der slawischen Welt. In: Michael Müller-Wille (Hg.), Starigard/Oldenburg. Ein slawischer Herrschersitz des frühen Mittelalters in Ostholstein. Neumünster 1991. S. 53–62.

Frank Trende (Hg.), Schleswig-Holsteinisches Sagenbuch aus der Müllenhoffschen Sammlung. Heide 2004.

Nordstrand: Kulturland wird Meeresboden

Hans-Herbert Henningsen, Rungholt. Der Weg in die Katastrophe. Aufstieg, Blüte und Untergang eines bedeutenden mittelalterlichen Ortes in Nordfriesland. Band I Husum 1998, Band II Husum 2000.

Albert Panten, Die Nordfriesen im Mittelalter. In: Nordfriisk Instituut (Hg.) Geschichte Nordfrieslands. Heide 1995. S. 59–102.

Lauenburg: Schifferstadt im Banne Lübecks

Gerd Stolz, Kleine Kanalgeschichte. Vom Stecknitzkanal zum Nord-Ostsee-Kanal. Heide 1995.

Heide: Marktplatz als politischer Ort

Volker Arnold, Wolf Dieter Könenkamp, Nis R. Nissen, Heide um 1500. Leben im Dithmarschen der Regentenzeit. Heide 1990.

Jörg Mißfeldt, Die Republik Dithmarschen. In: Martin Gietzelt (Red.), Geschichte Dithmarschens. Heide 2000. S. 123–166.

Heinz Stoob, Geschichte Dithmarschens im Regentenzeitalter. Heide 1959.

114

Ripen: „Ewich tosamende ungedelt"

Carsten Jahnke, „dat se bliven ewich tosamende ungedelt" – Neue Überlegungen zu einem alten Schlagwort. In: Zeitschrift der Gesellschaft für Schleswig-Holsteinische Geschichte. Bd. 128. Neumünster 2003. S. 45 ff.

Dieter Lohmeier, Kleiner Staat ganz groß. Schleswig-Holstein-Gottorf. Heide 1997.

Husum: Aufstand von Bauer und Graf

Konrad Grunsky (Hg.), Schloss vor Husum. Husum 1990.

Albert Panten, Die Nordfriesen im Mittelalter. In: Nordfriisk Instituut (Hg.) Geschichte Nordfrieslands. Heide 1995. S. 59–102.

Brar V. Riewerts, Die Stadt Husum und die Schleswiger Herzöge. In: Beiträge zur Husumer Stadtgeschichte 5/1994. S. 9–26.

Hemmingstedt: David siegt gegen Goliath

Walther Lammers, Die Schlacht bei Hemmingstedt. Freies Bauerntum und Fürstenmacht im Nordseeraum. 3. Aufl. Heide 1987.

Frank Trende, Die Schlacht bei Hemmingstedt. Ein deutscher Mythos zwischen Politik, Poesie und Propaganda. Heide 2000.

Bordesholm: Wiege der Landesuniversität

Enno Bünz, Zwischen Kanonikerreform und Reformation: Anfänge, Blütezeit und Untergang der Augustiner-Chorherrenstifte Neumünster-Bordesholm und Segeberg. Paring 2002.

Hans Joachim Frank, Die Bordesholmer Marienklage. In: Ders., Literatur in Schleswig-Holstein. Band I. Von den Anfängen bis 1700. Neumünster 1995. S. 64–73.

Dieter Lohmeier, Die Gründung der Universität Kiel. In: Gottorf im Glanz des Barock. Katalog zur Ausstellung Schleswig 1997. Band I Kunst und Kultur am Schleswiger Hof 1544–1713. S. 3770–380.

Paul Steffen, Besuch in Bordesholm. Ein Wegweiser durch den alten Ort mit Führer durch die Klosterkirche. Bordesholm 1977.

Schleswig: Bischofssitz und Herzogsresidenz

Uwe Albrecht u.a. (Hg.), Der Bordesholmer Altar des Hans Brüggemann. Berlin 1996.

Gottorf im Glanz des Barock. Katalog zur Ausstellung Schleswig 1997. Band I Kunst und Kultur am Schleswiger Hof 1544–1713.

Ernst Schlee, Gottorfer Kultur im Jahrhundert der Universitätsgründung. Katalog der Ausstellung. Kiel 1965.

Volker Vogel, Schleswig im Mittelalter. Neumünster 1989.

Breitenburg: Adelsmacht und Gelehrsamkeit

Heinrich Rantzau (1526–1598). Statthalter in Schleswig und Holstein. Ein Humanist beschreibt sein Land. Katalog der Ausstellung. Schleswig 1999.

Hjördis Jahnecke, Die Breitenburg und ihre Gärten im Wandel der Jahrhunderte. Kiel 1999.

Dieter Lohmeier, Heinrich Rantzau. Humanismus und Renaissance in Schleswig-Holstein. Heide 2000.

Wiebke Steinmetz, Heinrich Rantzau (1526–1598). Ein Vertreter des Humanismus in Nordeuropa und seine Wirkungen als Förderer der Künste. Frankfurt/M., Bern, New York, Paris 1991.

Wedel: Auge in Auge mit dem Roland

Frank Lubowitz, Der Heer- und Ochsenweg durch Nordschleswig. In: Gerd Stolz, Günter Weitling (Hg.), Nordschleswig. Husum 1995. S. 32–37.

Heinrich Mehl, Meike Roos, Guntram Turkowski, Über den Ochsenweg. In: dies., Land- und Hauswirtschaft im alten Schleswig-Holstein. Arbeiten der Bauern 1850–1950. S. 140–147.

Glückstadt:
Gründung in der „Wildnis" und Refugium

„Mein Vater war portugiesischer Jude…" Die sefardische Einwanderung nach Norddeutschland um 1600 und ihre Auswirkungen auf unsere Kultur. Katalog der Ausstellung. Rendsburg 1993.

Ortwin Pelc, Im Schutz von Mauern und Toren. Die Befestigung der schleswig-holsteinischen Städte in Mittelalter und Neuzeit. Heide 2003.

Thomas Riis, Glückstadt und Friedrichstadt. In: Schleswig-Holstein und die Niederlande. Katalog zur Ausstellung. Schleswig 2003. S. 37–48.

Friedrichstadt:
Holländerort und religiöse Freistatt

Heinrich Erler, Friedrichstadt. Eine holländische Gründung zwischen Eider und Treene. Heide 1977.

Thomas Riis, Glückstadt und Friedrichstadt. In: Schleswig-Holstein und die Niederlande. Katalog zur Ausstellung. Schleswig 2003. S. 37–48.

Plön:
Fürstliche Stadtkrone abseits der Zentren

Silke Hunzinger, Schloss Plön – Residenz – Adeliges Armenhaus – Erziehungsanstalt. Eutin 1997.

Deert Lafrenz, Kulturdenkmal Plöner Schlossgebiet – ein Abgesang? In: Zs. DenkMal!. Heide 1996. S. 30–36.

Rendsburg: Stärkste Festung des Landes

Edward Hoop, Geschichte der Stadt Rendsburg. Rendsburg 1989.

Stadt Rendsburg (Hg.), Paradeplatz Rendsburg. Rendsburg 1993.

Stadt Rendsburg (Hg.), Arsenal Rendsburg. Rendsburg 1993.

Louisenlund: Refugium eines Wanderers zwischen den Welten

Landgraf Carl von Hessen 1744–1836. Statthalter in den Herzogtümern Schleswig und Holstein. Katalog der Ausstellung. Schleswig 1996.

Brigitte Wetzel, Die Hollersche Carlshütte. In: Zs. Schleswig-Holstein 1+2/1996. S. 52–54.

Reimer Witt, Heyo Wulf (Hg.), Landgraf Carl von Hessen 1744–1836. Vorträge zu einer Ausstellung. Schleswig 1997.

Wyk auf Föhr: Die große Jagd auf den Wal

Joachim Münzing, Die Jagd auf den Wal. Schleswig-Holsteins und Hamburgs Grönlandfahrt. Heide 1978.

Der historische Walfang der Nordfriesen. Band 2 der Schriftenreihe des Nordfriesischen Schiffahrtsmuseums Husum. Husum 1991.

Flensburg: Stützpunkt im Atlantischen Dreieckshandel

Christian Degn, Die Schimmelmanns im Atlantischen Dreieckshandel. Gewinn und Gewissen. 2. Aufl. Neumünster 1984.

Jutta Glüsing, Schiffahrtsmuseum Flensburg – Bildführer. Flensburg 1985.

Sklaven – Zucker – Rum. Dänemark und Schleswig-Holstein im Atlantischen Dreieckshandel. Katalog der Ausstellung. Kiel 1994. Heide 1994.

Schierensee, Deutsch Nienhof, Emkendorf: Perlenschnur am Westensee

Harry Schmidt, Drei Schlösser am Westensee. Überarbeitet von Frauke Lühning. Rendsburg 1984.

Kiel:
Im Schloss wird ein russischer Zar geboren

Die Gottorfer auf dem Zarenthron. Katalog der Ausstellung Schleswig 1997. Schleswig 1997.

Kiel, Eutin, St. Petersburg. Die Verbindung zwischen dem Haus Holstein-Gottorf und dem russischen Zarenhaus im 18. Jahrhundert. Katalog zur Ausstellung Eutin 1987. Heide 1987.

Eckard Hübner, Ferne Nähe. Die Beziehungen zwischen Schleswig-Holstein und Russland in Mittelalter und Neuzeit. Heide 2003.

Deert Lafrenz, Das Kieler Schloss. Der Fürstensitz Herzog Adolfs von Gottorf in Kiel. Hamburg 1987.

Eutin: Residenz und Musenhof

Kiel, Eutin, St. Petersburg. Die Verbindung zwischen dem Haus Holstein-Gottorf und dem russischen Zarenhaus im 18. Jahrhundert. Katalog zur Ausstellung Eutin 1987. Heide 1987.

Eckard Hübner, Ferne Nähe. Die Beziehungen zwischen Schleswig-Holstein und Russland in Mittelalter und Neuzeit. Heide 2003.

Heiko K. L. Schulze, Schloss Eutin. Eutin 1991.

Königsförde, Kluvensiek: Der alte Eiderkanal
Gerd Stolz, Der alte Eiderkanal. Schleswig-Holsteinischer Kanal. 4. Aufl. Heide 1989.
Frank Trende (Hg.), Jules Vernes Reise durch Schleswig-Holstein. Husum 2005.

Tönning: Aufschwung durch Kanal und Napoleon
Tönning im Wandel der Zeiten. Husum 1990.

Bungsberg:
Aussichtspunkt auf die Knicklandschaft
Heinrich Mehl, Meike Roos, Guntram Turkowski, Schleswig-Holsteins Koppelwirtschaft und die Knicks. In: dies. (Hg.), Land- und Hauswirtschaft im alten Schleswig-Holstein. Arbeiten der Bauern 1850–1950. S. 31–37.

Itzehoe: Erstes modernes Parlament auf holsteinischem Boden
Zum 150. Jahrestag der holsteinischen Ständeversammlung. 1. Oktober 1835 – Itzehoe – 1. Oktober 1985. Herausgegeben vom Präsidenten des Schleswig-Holsteinischen Landtages. Kiel 1985. Darin insbes.: Friedrich Priewe, Wie Itzehoe zu seinem Ständesaal kam. S. 65–74.

Idstedt:
Blutige Niederlage für Schleswig-Holstein
Gerd Stolz, Die schleswig-holsteinische Erhebung. Die nationale Auseinandersetzung in und um Schleswig-Holstein von 1848/51. Husum 1996.

Eckernförde: Seegefecht mit Überraschungen
Klaus Herold, Der Kieler Brandtaucher. Wilhelm Bauers erstes Tauchboot. Bonn 1993.
Jürgen Jensen, Der Kieler Brandtaucher. Kiel 1999.
Axel Johnsen, Die „Christian VIII." in der Bucht von Eckernförde. In. Heinrich Mehl (Hg.), Historische Schiffe. Vom Nydamboot zur Gorch Fock. Heide 2002. S. 135–149.
Gerd Stolz, Die Schleswig-Holsteinische Marine 1848–1852. 2. Aufl. Heide 1987.

Düppel: Erstürmung der Schanzen und Ende des dänischen Gesamtstaates
Theodor Fontane, Der Schleswig-Holsteinische Krieg im Jahre 1864. Berlin 1866, Nachdruck 1978.

Gerd Stolz, Düppel–Dybbøl. 1848–1849–1864–heute. Apenrade, Sonderburg 1992.

Aschberg: Bismarcks Endstation
Ulrich Bischoff, Nationaldenkmäler in Deutschland – Politische Bauwerke als Zeugen der Geschichte. In: Vor hundert Jahren: Dänemark und Deutschland 1864–1900. Gegner und Nachbarn. Katalog der Ausstellung in Kopenhagen, Aarhus, Kiel, Berlin 1981/82. S. 66–71.

Kiel-Holtenau:
Im Zentrum preußischer Strukturpolitik
Jürgen Jensen, Peter Wulf (Hg.), Geschichte der Stadt Kiel. Neumünster 1991.
Rainer Lagoni, Hellmuth St. Seidenfus, Hans-Jürgen Teuteberg (Hg.), Nord-Ostsee-Kanal 1895–1995. Neumünster 1995.

Kiel: Anstoß zur Revolution
Dirk Dähnhardt, Revolution in Kiel. 2. Aufl. Neumünster 1984.

Flensburg: Reichsdank für deutsche Treue
Inge Adriansen, Broder Schwensen, Von der deutschen Niederlage zur Teilung Schleswigs 1918–1920. Flensburg, Apenrade 1995.
Inge Adriansen, Immo Doege, Deutsch oder Dänisch? Bilder zum nationalen Selbstverständnis aus dem Jahre 1920. Flensburg 1992.

Neumünster: Schwarze Fahne – schwarzer Tag
Gerhard Stoltenberg, Politische Strömungen im schleswig-holsteinischen Landvolk 1918–1933. Düsseldorf 1962.

Dieksanderkoog:
Nationalsozialistische Siedlungspolitik
Klaus Groth, Der Aufbau des Adolf-Hitler-Kooges – Ein Beispiel nationalsozialistischen ländlichen Siedlungsbaues. In: Erich Hoffmann, Peter Wulf (Hg.), „Wir bauen das Reich". Aufstieg und erste Herrschaftsjahres des Nationalsozialismus in Schleswig-Holstein. Neumünster 1983. S. 309–331.
Frank Trende, Nationalsozialistische Symbolik: Die Neulandhalle im Dieksanderkoog. In: Bärbel Manitz, Thomas Al. Greifeld (Hg.), Kunst ohne Museum. Beiträge zur Kunst in Schleswig-Holstein 1933–1945. Heide 1993. S. 140–150.

Altona: Mit Hamburg verwachsen
Hans Ehlers, Aus Altonas Vergangenheit. Altona 1926.

Heinrich Kloth, Altona in Vergangenheit und Gegenwart. Hamburg 1951.

Ladelund: „Wir waren machtlos"
Konzentrationslager Ladelund 1944. Katalog der wissenschaftlichen Dauerausstellung. 2. Aufl. Ladelund 1995.
Jörn-Peter Leppien, „Das waren keine Menschen mehr…" Aus der Chronik der Kirchengemeinde – Pastor Johannes Meyer über das Konzentrationslager Ladelund 1944. Eine quellenkritische Studie. Flensburg 1983.

Flensburg-Mürwik: Letzter Sitz der Regierung
Ende und Anfang im Mai 1945. Das Journal zur Wanderausstellung. Kiel 1995.
Joachim Fest, Der Untergang. Hitler und das Ende des Dritten Reiches. Berlin 2002.
Holger Piening, Als die Waffen schwiegen. Das Kriegsende zwischen Nord- und Ostsee. Heide 1995.
Hans-Ulrich Thamer, Verführung und Gewalt. Deutschland 1933–1945. Sonderausgabe Berlin 1994.

Helgoland: Hochseeinsel und Bombenziel
Denkmalpflegerische Zielplanung Helgoland. Hg. vom Landesamt für Denkmalpflege. Kiel 1992.
Michael Harms, Flaggenwechsel auf Helgoland. Berlin 2002.
Benno Eide Siebs, Erich Wohlenberg, Helgoland und die Helgoländer. Kiel 1953.
Henry Peter Rickmers, Carl Röper, Herbert Huster, Helgoland. Schicksal einer Heimat. Otterndorf, Helgoland 1986.

Kiel: Schleswig-Holsteins Landeshauptstadt
Kurt Jürgensen, Die Gründung des Landes Schleswig-Holstein. 2. Aufl. Neumünster 1998.
Erich Maletzke, Klaus Volquartz, Der Schleswig-Holsteinische Landtag. Zehn Wahlperioden im Haus an der Förde. Kiel o.J. (1984).

Fehmarn: Eine Insel wird landfest
Frank Grube (Hg.), Fehmarn. Hamburg 1979.
Kurt-Dietmar Schmidtke, Fehmarn. Neumünster 1992.

Norderstedt: Aus vier wird eins
Horst Embacher, Junge Stadt Norderstedt. In: Heimatkundliches Jahrbuch für den Kreis Segeberg 1980. S. 145–160.